# RÈGLEMENT DU 29 JUILLET 1884

## MODIFIÉ PAR DÉCISION DU 15 AVRIL 1894

SUR

# L'EXERCICE & LES MANŒUVRES

## DE L'INFANTERIE

Le règlement du 29 juillet 1884, modifié par
décision du 15 avril 1894, sera mis immédiatement en pratique dans les corps d'infanterie de
l'armée.

MINISTÈRE DE LA GUERRE.

# RÈGLEMENT DU 29 JUILLET 1884

## MODIFIÉ PAR DÉCISION DU 15 AVRIL 1894

SUR

# L'EXERCICE & LES MANŒUVRES

## DE L'INFANTERIE

TITRE TROISIÈME. — École de compagnie.

PARIS
11, Place St-André des-Arts.

LIMOGES
46, Nouvelle route d'Aixe 46

Henri CHARLES-LAVAUZELLE
Éditeur militaire.

1895

**2.** Pour l'instruction de la section, on réunit autant que possible quatre escouades de trois files au moins.

Pour l'instruction de la compagnie, on réunit, s'il est nécessaire, deux compagnies.

**3.** La section et la compagnie manœuvrent indifféremment face par le premier et face par le second rang.

Dans chaque section, les files sont numérotées de la droite à la gauche.

**4.** L'instructeur est désigné, dans le texte, sous le nom de chef de section ou de capitaine, selon que l'on instruit la section ou la compagnie.

**5.** L'instructeur n'a pas de place fixe; il se porte partout où il juge sa présence nécessaire pour mieux surveiller l'ensemble et l'exécution générale des mouvements.

Les chefs de section et les serre-files le secondent dans cette tâche et s'occupent des détails; ils rectifient sans bruit les fautes commises.

### Division de l'école de compagnie.

**6.** L'école de compagnie est divisée en deux parties, chaque partie en deux chapitres, et chaque chapitre en articles.

La première partie est consacrée aux exercices à rangs serrés; la seconde partie aux exercices de combat.

# PREMIÈRE PARTIE.

## Formations de la compagnie (nos 7 à 10). Règles générales (nos 11 à 15).

---

### CHAPITRE PREMIER

### Instruction de la section.

ART. UNIQUE. La section étant face en avant, la mettre face en arrière (nos 16 et 17). Alignements (nos 18 à 20). Ouvrir et serrer les rangs (nos 21 et 22). Marche de front, en avant et face en arrière ; marche oblique (nos 23 à 27). Changer de direction ; arrêter. Faire agenouiller et coucher la section. Marche par le flanc ; exécuter les mouvements qui en dépendent. Maniement des armes (nos 28 à 31). Rompre les rangs et rassembler la section (nos 32 et 33). Assouplissement de la section (no 34).

## CHAPITRE SECOND.

### Instruction de la compagnie.

**Art.** Ier. Exécuter avec la compagnie les mouvements prescrits pour la section (n[os] **36** à **49**).

**Art.** II. Colonne de compagnie. — Passer de la ligne déployée à la colonne de compagnie (n[os] **50** à **52**). Marcher en avant et face en arrière ; changer de direction en marchant ; arrêter la colonne ; changer de direction de pied ferme (n[os] **53** à **61**). Marcher par le flanc des subdivisions ; changer de direction ; arrêter (n[os] **62** à **65**). Passer de la colonne de compagnie à la ligne déployée et à la formation par le flanc (n[os] **66** à **72**). Rassemblement (n[os] **73** et **74**).

**Art.** III. Colonne à distance entière. — Passer de la ligne déployée et de la formation par le flanc à la colonne à distance entière (n[os] **75** à **77**). Marcher ; changer de direction ; arrêter la colonne (n^os **78** à **80**). Passer de la colonne à distance entière à la colonne de compagnie et réciproquement (n^os **81** à **86**). Passer de la colonne à distance entière à la ligne déployée et à la formation par le flanc (n^os **87** à **92**).

ART. IV. Colonnes de route (n^os **93** à **106**). Colonne contre la cavalerie (n^os **107** à **109**).

ART. V. Assouplissement de la compagnie (n^os **110** à **112**).

## SECONDE PARTIE.

**Règles générales (n^os 113 à 120). Méthode d'instruction (n^os 121 à 126). Instruction relative aux éclaireurs d'infanterie (n^os 127 à 133).**

---

## CHAPITRE PREMIER.

### Instruction de la section pour le combat.

ART. UNIQUE. Formations de la section. (n^os **134** à **138**). Feux (n^os **139** à **146**). Rassemblement. Ralliement (n^os **147** à **151**).

## CHAPITRE SECOND.

## Indications sur le combat de la compagnie.

# PREMIÈRE PARTIE.

## Formations de la compagnie.

### 1º Formation en ligne déployée.

**7.** La ligne déployée est une formation de revue et de manœuvre.

Les places de chacun sont celles indiquées au titre premier. Le sous-officier placé derrière chaque chef de section sert de guide à la section et, lorsqu'il doit sortir de son créneau ou y rentrer, le chef de section se porte à 1 pas en avant pour le laisser passer.

Lorsque le chef de section sort de son créneau, il est remplacé au premier rang par son guide.

### 2º Formations en colonne.

#### *Colonne de compagnie.*

**8.** La colonne de compagnie est une formation de revue, de manœuvre et de rassemblement.

Les sections, sur 2 rangs, sont placées à 6 pas l'une derrière l'autre :

Le capitaine, sur l'alignement de la section de

tête, à 4 pas en dehors du guide de droite (gauche);

Les chefs de section à 2 pas devant le centre de leur section;

Le guide de chaque section habituellement à la droite de sa section, au premier rang;

Les serre-files derrière leur section, à 1 pas du second rang;

Quand la compagnie est isolée, les tambours et les clairons en serre-files derrière le centre de la dernière section.

## *Colonne à distance entière.*

**9.** La colonne à distance entière est une formation de manœuvre, de défilé et de route.

Les sections, sur 2 rangs, sont placées l'une derrière l'autre, à distance de front de section;

Le capitaine, les chefs de section et les guides aux places indiquées pour la colonne de compagnie;

Les serre-files, derrière leur section, à 4 pas du second rang;

Quand la compagnie est isolée, les tambours et les clairons en serre-files derrière le centre de la dernière section; lorsqu'ils en reçoivent l'ordre, à 10 pas devant le centre de la section de tête.

## 3º Formation par le flanc.

**10.** La formation par le flanc est une formation de route et de manœuvre.

Les sections, par le flanc, sont placées les

unes derrière les autres et sans distance entre
elles ;

Le capitaine à hauteur du guide de tête de la
compagnie et à 4 pas en dehors du premier rang ;

Les chefs de section à côté du guide de leur
section en dehors du premier rang ;

Le guide de chaque section en tête du premier rang doublé, devant l'homme de droite
(gauche) ;

Les serre-files, à 2 pas en dehors du quatrième rang ;

Quand la compagnie est isolée, les tambours
et les clairons derrière la dernière section ; lorsqu'ils en reçoivent l'ordre, à 10 pas en avant de
la tête de la compagnie.

## Règles générales.

**11.** Dans les marches de front en avant et
face en arrière, le guide est toujours indiqué
dans le commandement.

**12.** Dans le cours des mouvements, toutes les
fois que les sections sont arrêtées, les hommes
s'alignent d'eux-mêmes :

En ligne, les chefs de section se placent rapidement sur l'alignement, les épaules dans la
direction du premier rang, y établissent les deux
premiers hommes et rectifient ensuite la position
des autres ;

En colonne, les guides ou les files de droite

(gauche) sont assurés sur la perpendiculaire au front par l'instructeur placé à quelques pas en avant du guide ou de la file de droite (gauche) de la subdivision de tête ; les chefs de subdivision dirigent ensuite l'alignement en se portant à **2** pas en dehors du flanc de la colonne, les épaules dans une direction perpendiculaire au rang.

Après chaque alignement, l'instructeur commande : FIXE.

À ce commandement, les chefs de section et les guides reprennent leur place, si l'on est en ligne ; en colonne, les chefs de section reprennent leur place, et les guides se portent à droite à moins d'ordres contraires.


**13.** Lorsque, par suite des à-droite (gauche), les sections se trouvent par le flanc, les guides se portent en tête du premier rang doublé devant l'homme de droite (gauche), et les chefs de section se placent à la gauche (droite) des guides. Par exception, dans les ploiements et les déploiements, les guides ne se déplacent pas ; dans ce cas, les caporaux placés à la droite et à la gauche de chaque section servent de guides, tout en restant à leur place.


**14.** L'instructeur fait d'abord le commandement préparatoire ; à ce commandement, qui n'est pas répété, les chefs de section font exécuter, s'il y a lieu, les mouvements préliminaires nécessaires pour l'exécution du mouvement général.

L'instructeur fait ensuite le commandement d'exécution qui n'est pas non plus répété.

**15.** Pour l'exécution des divers changements de direction en marchant, l'instructeur se porte ou fait placer un jalonneur, à hauteur du point où doit commencer le mouvement.

## CHAPITRE PREMIER.

## Instruction de la section.

ARTICLE UNIQUE.

## La section étant face en avant, la mettre face en arrière.

**16.** La section étant en ligne et de pied ferme, le chef de section commande :

*Face en arrière.*

*Demi-tour.*

(A) DROITE.

Au commandement de *Face en arrière*, les serre-files traversent vivement par la gauche et se portent face à la section, à 4 pas du premier rang, vis-à-vis de leur place primitive.

Au commandement de *Droite*, qui est fait de manière que la section se trouve face en arrière au moment où le dernier serre-file a traversé, la section fait demi-tour à droite ; le guide se place au second rang devenu premier.

**17.** Lorsque le chef de section ne veut pas déplacer les serre-files, il commande :

*Demi-tour.*

(A) Droite.

## Alignements.

**18.** Le chef de section fait prendre des alignements parallèles et obliques, à droite et à gauche, en avant et en arrière, par les commandements et les moyens prescrits pour aligner l'escouade (titre II, n⁰ˢ 151 et suivants).

**19.** Quand les soldats ont été exercés aux alignements indiqués ci-dessus, le chef de section fait prendre des alignements en portant le guide seulement sur la nouvelle ligne.

**20.** Dans tous les alignements, les serre-files se placent à 4 pas en arrière du second rang ; ils veillent à ce que les intervalles soient observés, et à ce que les hommes du second rang soient placés correctement à leur chef de file.

## Ouvrir et serrer les rangs.

**21.** Le chef de section commande :

*Ouvrez vos rangs.*

Marche.

Au commandement de *Ouvrez vos rangs*, le guide fait demi-tour, marche 4 pas (3 mètres) et se remet face en avant.

Au commandement de *Marche*, le second rang marche en arrière, et s'arrête après avoir dépassé le guide qui dirige l'alignement, parallèlement au premier rang.

Le chef de section, après avoir vérifié l'alignement, commande :

FIXE.

Le guide reprend sa place au premier rang.

Les serre-files marchent en arrière en même temps que le second rang, et se placent à 4 pas de ce rang lorsqu'il est aligné.

**22.** Les rangs étant ouverts, pour les faire serrer, le chef de section commande :

*Serrez vos rangs.*

MARCHE.

Au commandement de *Marche*, le second rang serre à sa distance, chaque homme se dirigeant sur son chef de file.
Les serre-files serrent à leur distance en même temps que le second rang.

## Marche de front, en avant et face en arrière ; marche oblique.

**23.** La section étant de pied ferme, et correctement alignée perpendiculairement à la direction à suivre, le chef de section fait placer, s'il n'y est déjà, le guide à droite ou à gauche selon le côté où il veut faire prendre la direction, se porte à 12 ou 15 pas en arrière de lui, et indique à haute voix un objet bien visible et suffisamment éloigné ; le guide y fait face et prend un point intermédiaire entre lui et l'objet indiqué. Cette règle est générale.

Le chef de section commande ensuite :

*En avant.*

*Guide à droite (gauche).*

MARCHE.

Au commandement de *Marche*, la section part vivement. Le guide se dirige sur le point indiqué en observant avec la plus grande précision la longueur et la cadence du pas, et prend, en avançant, de nouveaux points intermédiaires de manière à se maintenir toujours exactement sur la direction : les soldats se conforment aux principes prescrits pour la marche de front (titre II, n^os 160 et suivants).

Les serre-files marchent à 4 pas du second rang.

**24.** La section marche face en arrière d'après les mêmes principes.

**25.** Elle passe de la marche en avant à la marche face en arrière, sans être arrêtée, aux commandements de :

*Demi-tour à droite.*

MARCHE.

*Guide à gauche (droite).*

Les serre-files restent à leur place.

**26.** La section se porte en arrière, passe du pas accéléré au pas gymnastique, au pas de charge et réciproquement, exécute la marche oblique et reprend la marche directe d'après les principes et par les commandements prescrits pour l'escouade (titre II, n^os 163 et suivants).

**27.** *Afin de mieux affermir les soldats dans la longueur et la cadence du pas et dans les principes de la marche de front, le chef de section fait marcher la section 300 ou 400 pas sans l'arrêter, lorsque le terrain le permet; il se tient de préférence sur le flanc, du côté de la direction, de manière à voir toutes les fautes. Il se place quelquefois en arrière du guide, s'arrête et le laisse marcher 20 ou 30 pas, pour s'assurer qu'il ne s'écarte pas de la perpendiculaire.*

**Changer de direction ; arrêter. Faire agenouiller et coucher la section. Marche par le flanc ; exécuter les mouvements qui en dépendent. Maniement des armes.**

**28.** Ces divers mouvements sont exécutés d'après les principes prescrits pour l'escouade (titre II, n^os 176 à 203); on substitue dans les commandements l'indication de *Section* à celle d'*Escouade*, quand il y a lieu.

**29.** Quand la section en ligne fait par le flanc, les serre-files font à droite (gauche) sur place, et se trouvent ainsi à 2 pas environ du quatrième rang.

**30.** Quand les changements de direction doivent avoir lieu sous un angle peu ouvert, le chef de section indique au guide, qui n'est pas déplacé, le nouveau point de direction qu'il choisit en avant, et commande :

*Point de direction plus à droite (gauche).*

Le guide, avançant l'une ou l'autre épaule, se dirige sur le point désigné ; les hommes se conforment à son mouvement, en allongeant ou en raccourcissant insensiblement le pas, et en avançant ou refusant l'épaule opposée à la direction.

**31.** *A l'instruction, dans le maniement des armes, les serre-files mettent l'arme au pied.*

## Rompre les rangs et rassembler la section.

**32.** Le chef de section commande :

*Rompez vos rangs.*

Marche.

Les hommes se dispersent et emportent leurs armes.

**33.** Pour reformer la section, le chef de section se place face à la ligne que doit occuper le nouveau front, fait le signal du rassemblement ou commande :

RASSEMBLEMENT.

Tout le monde se porte rapidement vers le chef de section ; les caporaux rassemblent leur escouade de manière que le centre de la section se trouve vis-à-vis du chef de section et à 6 pas de lui. Les hommes s'alignent d'eux-mêmes sur le centre, l'arme au pied ; le guide se place à la droite de la section et les caporaux reprennent leur place dans le rang.

Le chef de section commande :

FIXE.


## Assouplissement de la section.


**34.** L'assouplissement de la section est exécuté d'après les principes et au moyen des signaux prescrits pour l'escouade.

Le chef de section se place à 6 pas en avant de la file qu'il choisit comme file de base, si la section est en ligne ; à côté du guide, si la section est par le flanc.


## Observation.


**35.** *La demi-section manœuvre d'après les mêmes principes que la section. On substitue, quand il y a lieu, dans les commandements, l'indication de demi-section à celle de section.*

# CHAPITRE SECOND.

## Instruction de la compagnie.

---

### ARTICLE Ier.

## Exécuter avec la compagnie les mouvements prescrits pour la section.

---

### Face en arrière.

**36.** La compagnie étant en ligne déployée et de pied ferme, le capitaine commande :

*Face en arrière.*

*Demi-tour.*

(A) DROITE.

Le mouvement est exécuté d'après les principes prescrits pour la section.

Au commandement de *Face en arrière*, les chefs de section se placent face à la file de droite de leur section et leur guide derrière eux pour laisser passer les serre-files : le mouvement terminé, ils reprennent leur place, les chefs de section au second rang devenu premier et leur guide derrière eux.

**37.** Lorsque le capitaine commande seulement : *Demi-tour (à) droite*, les guides se portent sur l'alignement des serre-files et les chefs de section au second rang devenu premier.

## Alignement.

**38.** La compagnie étant en ligne déployée et de pied ferme, pour faire prendre un alignement, le capitaine se porte sur le flanc, du côté où il veut aligner et commande :

*Guides.*

SUR LA LIGNE.

Les guides et le fourrier se portent à 3 pas en avant et font face au capitaine qui les établit sur la direction qu'il a choisie ; les guides se placent au point où doit appuyer la droite de leur section et le fourrier au point où doit appuyer la gauche de la compagnie.

Les chefs de section se portent du côté de l'alignement, s'ils n'y sont déjà.

**39.** Le capitaine commande ensuite :

*A droite (gauche).*

ALIGNEMENT.

Chaque section s'aligne d'après les principes prescrits ; l'homme de droite appuie sa poitrine contre le bras droit (gauche) du guide ; il en est de même de l'homme de gauche de la compagnie, qui correspond au fourrier. Les chefs de section dirigent l'alignement de leur section sur ces hommes.

L'alignement terminé, le capitaine commande :

FIXE.

Les chefs de section, les guides et le fourrier reprennent leur place.

## Ouvrir et serrer les rangs.

**40.** Pour faire ouvrir les rangs, le capitaine commande :

*Ouvrez vos rangs.*

Marche.

Au commandement préparatoire, les guides se portent à 4 pas en arrière du premier rang, comme il est prescrit pour la section ; ils sont alignés par le capitaine sur le fourrier, qui se porte à la même distance derrière la gauche du premier rang.

Au commandement de *Marche*, le mouvement est exécuté d'après les principes prescrits pour la section. Les chefs de section restent à la droite de leur section.

Dès que le second rang est aligné, le capitaine commande :

Fixe.

Le fourrier reprend sa place ; les guides restent au second rang.

**41.** La compagnie serre les rangs d'après les principes prescrits pour la section.

## Marche de front, en avant et face en arrière.

**42.** La compagnie étant en ligne déployée,

de pied ferme et correctement alignée perpendiculairement à la direction à suivre, lorsque le capitaine veut la porter en avant, il fait placer le fourrier à la gauche du premier rang, se porte à 12 ou 15 pas en arrière de la file formée par le chef et le guide de la première section ou en arrière du fourrier, et indique à haute voix le point de direction ; puis il commande :

*En avant.*

*Guide à droite (gauche).*

MARCHE.

Au commandement de : *Guide à droite (gauche),* les chefs de section se portent à la droite (gauche) de leur section, s'ils n'y sont déjà, celui de la section de droite (gauche) se plaçant à 2 pas en dehors du guide qui le remplace au premier rang, ou du fourrier.

Au commandement de : *Marche,* la compagnie part vivement. Le guide marche sur le point indiqué ; les chefs de section maintiennent leur section à hauteur de la section de droite (gauche) ; les hommes conservent leur intervalle et l'alignement du côté de la direction.

**43.** La compagnie marche face en arrière d'après les mêmes principes ; quand elle passe de la marche en avant à la marche face en arrière sans être arrêtée, les guides des 2e, 3e et 4e sections se portent sur l'alignement des serre-files, et les chefs de section passent au second rang devenu premier ainsi que le guide et le fourrier qui encadrent la compagnie.

**44.** La compagnie étant en marche en ligne déployée, le capitaine l'exerce à marcher par le flanc des subdivisions dans la même direction ; à cet effet, il commande :

> *Par le flanc droit (gauche).*
>
> *Par section, par file à gauche (droite).*
>
> Marche.
>
> *Guide à gauche (droite).*

Au commandement de *Marche*, chaque section fait par le flanc droit (gauche) et par file à gauche (droite) et, conduite par son chef, marche droit devant elle ; le guide chargé de la direction marche sur le point qui lui est indiqué par le capitaine. Les chefs des sections subordonnées maintiennent leur intervalle.

**45.** Pour revenir à la ligne déployée, le capitaine commande :

> *A gauche (droite), ligne déployée.*
>
> Marche.
>
> *Guide à droite (gauche).*

Au commandement préparatoire, les chefs de section commandent : *Section à gauche (droite) en ligne.*

Au commandement de *Marche*, chaque section se forme en ligne, comme si elle était isolée ; la compagnie se conforme ensuite aux principes de la marche de front.

**46.** Les mouvements indiqués ci-dessus (nos 44 et 45) sont exécutés par demi-sections et par escouades d'après les mêmes principes.

**Marche oblique. Changer de direction ; arrêter. Faire agenouiller et coucher la compagnie. Marche par le flanc ; exécuter les mouvements qui en dépendent. Maniement des armes.**

**47.** Tous ces mouvements sont exécutés d'après les principes prescrits pour l'escouade et pour la section, en substituant, dans les commandements, l'indication de *compagnie* à celle d'*escouade* ou de *section*, quand il y a lieu.

**48.** Toutefois, lorsque la compagnie est de pied ferme, le changement de direction s'effectue par un à-droite (gauche) et par un changement de direction par file : si l'angle est très peu ouvert, le capitaine fait prendre un nouveau front à la compagnie au moyen d'un alignement.

**49.** Quand on passe de la marche par le flanc à la marche de front, après le commandement de : *Guide à droite (gauche)*, le fourrier se porte vivement à la gauche (droite) du premier rang.

La compagnie par le flanc ne se forme pas à gauche (droite) en ligne.

## ARTICLE II.

# Colonne de compagnie.

### Passer de la ligne déployée à la colonne de compagnie.

**50.** Le ploiement de la compagnie en colonne de compagnie se fait, habituellement, en arrière de la première section et, exceptionnellement, en arrière de la quatrième. L'alignement est toujours pris à droite (gauche, si la compagnie est face par le second rang) pour ne pas déplacer les guides.

**51.** La compagnie étant en ligne déployée et de pied ferme, pour former la colonne de compagnie face en avant, le capitaine commande :

*Colonne de compagnie*

ou : *A gauche, colonne de compagnie.*

MARCHE.

Au commandement préparatoire, les chefs de section se portent à 2 pas devant le centre de leur section ; celui de la section de base la prévient qu'elle ne doit pas bouger ; ceux des autres sections leur font faire à-droite (gauche), se portent en tête de leur section et font déboîter en arrière les deux premières files, la première de toute l'épaisseur des deux rangs doublés, la seconde, un peu moins.

Au commandement de : *Marche*, la section de base ne bouge pas et ses serre-files serrent à 1 pas. La deuxième (troisième) section fait par file à droite (gauche), gagne perpendiculairement en arrière l'espace de 6 pas, fait par file à gauche (droite) et entre dans la colonne parallèlement à la première. Son chef l'accompagne jusqu'à hauteur du guide de la section de base et l'arrête par le commandement de : *Par le flanc gauche (droit)*. Halte.

Au commandement de *Halte*, qui est fait à l'instant où le guide arrive à hauteur de celui de la section de base, ce guide se place promptement à 6 pas du guide précédent et est assuré par le capitaine sur la perpendiculaire au front primitif ; la section s'aligne et les serre-files serrent à 1 pas.

La troisième et la quatrième section (deuxième et première) se portent diagonalement en arrière, et chacune d'elles, arrivée à hauteur et à 5 ou 6 pas du point où elle doit prendre rang dans la colonne, se redresse pour y entrer parallèlement à la section qui la précède, puis est arrêtée comme il a été dit pour la deuxième section.

Le mouvement terminé, le capitaine commande :

Fixe.

**52.** Si la compagnie est en marche, le ploiement est exécuté d'après les mêmes principes ; la section de base est arrêtée par son chef au commandement de : *Marche*, et les autres sections font à-droite (gauche) en marchant. Le fourrier rentre en serre-files au commandement de : *Marche*.

## Marcher en avant et face en arrière ; changer de direction en marchant ; arrêter la colonne ; changer de direction de pied ferme.

----

### Marcher en avant et face en arrière.

**53.** Lorsque le capitaine veut mettre la colonne de compagnie en marche, il fait placer les guides du côté de la direction, s'ils n'y sont déjà, indique à haute voix au guide de la tête un objet bien visible et suffisamment éloigné dans la direction à suivre et commande :

*En avant.*

*Guide à droite (gauche).*

MARCHE.

Au commandement de : *Marche,* les sections partent vivement et se conforment, ainsi que le guide de la première section, aux principes prescrits pour la marche de front. Chacun des autres guides marche dans les traces de celui qui le précède et du même pas que lui, en conservant sa distance.

**54.** Pour faire exécuter la marche face en arrière, le capitaine met, au préalable, la colonne face en arrière par les commandements prescrits pour la section. Les chefs de section se portent à leur nouvelle place en passant par la droite de leur section et les serre-files par la gauche ; les guides se portent au second rang devenu premier.

La marche est ensuite exécutée d'après les principes prescrits pour la marche en avant.

**55.** Si la colonne est en marche, le capitaine la fait marcher face en arrière sans l'arrêter d'après les principes prescrits pour la section ; les chefs de section et les serre-files restent à leur place.

### Changer de direction en marchant.

**56.** Les changements de direction d'une colonne de compagnie en marche se font toujours par le front des subdivisions.

**57.** Le capitaine fait prendre le guide du côté opposé au changement de direction, s'il n'y est déjà, et commande :

*Changement de direction à droite (gauche).*

Marche.

Au commandement de : *Marche*, qui est fait lorsque la première section arrive à hauteur du point où le mouvement doit commencer, cette section change de direction comme si elle était isolée. Les autres sections se forment immédia-

tement à son mouvement, chaque guide oblique
légèrement à gauche (droite), en avançant l'épaule
extérieure, pour se placer peu à peu dans les
traces de celui qui le précède, et conserve sa
distance de 6 pas. Chaque chef de section, faisant face à sa section, en règle la marche, veille
à ce que son alignement soit à peu près parallèle
à celui de la section qui précède et à ce que le
milieu cintre un peu en arrière.

**58.** Le capitaine veille à ce que le cercle
décrit par l'aile marchante ne soit ni trop grand,
ni trop petit; il fait allonger ou raccourcir le
pas du pivot de la section de tête si cela devient
nécessaire pour faciliter la marche des autres
sections; lorsqu'il voit le changement de direction près d'être achevé, il commande :

*En avant.*

Marche.

Au commandement de : *Marche,* qui est fait
au moment où la section de tête a terminé son
changement de direction, cette section reprend
la marche directe; les autres achèvent leur
changement de direction puis se conforment au
mouvement de la section précédente. Lorsque le
mouvement est achevé, le capitaine fait reprendre le guide du côté où il était précédemment,
s'il le juge convenable, et donne une nouvelle
direction.

**59.** Si le changement de direction doit avoir
lieu sous un angle peu ouvert, le capitaine indi-

que à haute voix au guide de tête le nouveau point de direction et commande :

*Point de direction plus à droite (gauche).*

La première section se place sans précipitation dans la nouvelle direction et les autres se conforment peu à peu à son mouvement.

### Arrêter la colonne.

**60.** La colonne est arrêtée par le commandement de :

*Compagnie.*

Halte.

Si la colonne a fait demi-tour en marchant, elle est arrêtée par le commandement de :

*Demi-tour à droite.*

Halte.

### Changer de direction de pied ferme.

**61.** Le capitaine indique au chef de la première section la direction que doit suivre le guide et commande :

*Changement de direction par le flanc droit (gauche).*

(A) droite (gauche).

Marche.

Au commandement de : *Droite (Gauche)*, les sections font par le flanc.

Au commandement de : *Marche*, les sections se mettent en marche. Le chef de la première section, faisant face au point de direction, laisse sa section, conduite par le guide, filer dans la direction qu'il a indiquée à ce dernier et, lorsque la dernière file arrive à sa hauteur, il arrête la section par le commandement de : *Par le flanc gauche (droit).* HALTE : l'homme de gauche (droite) du premier rang appuie son bras gauche (droit) contre la poitrine du chef de section qui établit la base d'alignement et se porte ensuite à 2 pas en dehors du flanc de la colonne, les épaules dans une direction perpendiculaire au rang, pour diriger l'alignement des autres hommes.

Le chef de chacune des sections suivantes dirige sa section de manière à la faire entrer dans la colonne parallèlement à la section qui précède et à 6 pas d'elle. Chaque chef de section s'arrête de sa personne lorsqu'il est arrivé à hauteur du chef de la section précédente, est assuré sur la perpendiculaire au front par le capitaine, et laisse filer sa section ; celle-ci est arrêtée et alignée comme il est prescrit pour la première.

Le capitaine commande alors :

FIXE.

Les guides reviennent au point d'appui à moins que le capitaine n'en ordonne autrement.

# Marcher par le flanc des subdivisions; changer de direction; arrêter.

## Marcher par le flanc des subdivisions.

**62.** La colonne de compagnie étant de pied ferme, le capitaine commande :

*Par le flanc droit (gauche).*

(A) DROITE (GAUCHE).

*En avant.*

*Guide à gauche (droite).*

MARCHE.

Au commandement de : *Droite (Gauche)*, les section font par le flanc.

Au commandement de : *Marche*, la compagnie se met en marche. Le guide de la première section est chargé de la direction; les chefs des autres sections maintiennent leur guide à hauteur de celui de la première section en conservant leur distance.

## Changer de direction.

**63.** La colonne de compagnie étant en marche par le flanc, pour lui faire changer de direction, le capitaine commande :

*Par files à gauche (droite).*

MARCHE.

Le commandement de : *Marche* est fait à hauteur du jalonneur. A ce commandement, la section qui est du côté du changement de direction fait par file à gauche (droite), le pivot faisant le pas de 37 centimètres ; les autres sections se conforment au mouvement de la précédente, en décrivant un arc de cercle autour du pivot et en conservant leur distance de ce côté.

**64.** La colonne de compagnie exécute les à-droite et les à-gauche en marchant d'après les principes prescrits pour la section ; le capitaine indique toujours le guide après le commandement de : *Marche*.

**Arrêter.**

**65.** La colonne de compagnie étant en marche par le flanc, le capitaine l'arrête et la remet de front par les commandements de :

*Compagnie.*

HALTE.

*A gauche (droite).*

FRONT.

## Passer de la colonne de compagnie à la ligne déployée et à la formation par le flanc.

**66.** La colonne de compagnie étant de pied

ferme, pour former la ligne déployée face en avant, le capitaine commande :

*Ligne déployée.*

ou : *A droite, ligne déployée.*

MARCHE.

Au commandement préparatoire, le chef de la première section prévient sa section qu'elle ne doit pas bouger; les chefs des autres sections font faire par le flanc gauche (droit) et se portent en tête de leur section.

Au commandement de : *Marche*, la première section ne bouge pas. Le chef de la deuxième section laisse filer sa section et commande : *Par le flanc droit (gauche)*. MARCHE. *Guide à droite (gauche)*. Le commandement de : *Marche* est fait au moment où la dernière file de sa section arrive à sa hauteur. Le chef de la deuxième section se porte à 2 pas devant la droite (gauche) de sa section et l'arrête un peu avant qu'elle arrive sur la ligne. Il se place ensuite à la gauche (droite) de la section de base, en prenant la place du guide, qui recule au second rang, et dirige l'alignement. Le chef de la troisième section s'arrête, de sa personne, au moment où la deuxième section fait par le flanc droit (gauche) et se conforme ensuite à ce qui est prescrit pour le chef de la deuxième. La quatrième section exécute le mouvement comme la troisième. Le mouvement terminé, le capitaine commande :

FIXE.

**67.** Si la colonne est en marche, le déploiement est exécuté d'après les mêmes principes ; la première section, qui a été prévenue par son chef, est arrêtée au commandement de : *Marche*, et les autres sections font à gauche (droite) en marchant.

**68.** Dans le cas où l'on voudrait un alignement plus correct, on rectifierait au besoin l'alignement de la section de base, et le fourrier se porterait, au commandement préparatoire, sur l'alignement de cette section, face au point d'appui et devant l'emplacement que doit occuper l'une des dernières files de gauche (droite) de la compagnie déployée. Les chefs de section dirigeraient l'alignement de leur section sur le fourrier, qui reprendrait sa place au commandement de : *Fixe.*

**69.** La colonne de compagnie se déploie face en arrière, face à droite ou face à gauche, d'après les mêmes principes, après avoir fait face en arrière ou exécuté un changement de direction de pied ferme.

**70.** En principe, après le déploiement, les sections doivent se retrouver dans leur ordre normal.

**71.** La colonne de compagnie étant en marche, pour passer à la marche par le flanc dans la même direction, le capitaine commande :

*Par le flanc droit (gauche).*

*Par section, par file à gauche (droite).*

MARCHE.

Au commandement de : *Marche*, la compagnie fait par le flanc droit (gauche) et la première section fait aussitôt par file à gauche (droite). Les autres sections marquent le pas ou s'arrêtent; chacune d'elles est ensuite remise en marche au commandement de son chef, de façon à suivre immédiatement la section qui la précède.

**72.** Si la colonne est de pied ferme, le capitaine lui fait faire par le flanc droit (gauche) avant de commander : *Par section, par file à gauche (droite).* Chacune des deuxième, troisième et quatrième sections est mise en marche de façon à suivre immédiatement la section qui la précède.

## Rassemblement.

**73.** La compagnie ayant rompu les rangs, sans former les faisceaux, est toujours rassemblée en colonne de compagnie, les sections étant placées dans la colonne d'après leur numéro dans l'ordre constitutif.

**74.** Le capitaine se place face à l'emplacement que doit occuper la colonne, et fait le signal du rassemblement ou commande :

RASSEMBLEMENT.

Tout le monde se porte vers le capitaine; la

première section est rassemblée comme si elle était isolée ; les autres sections sont rassemblées d'après les mêmes principes, chacune d'elles à 10 pas en arrière de la section qui doit la précéder dans la colonne. Les chefs de section font ensuite serrer à 6 pas. Le capitaine assure la position des guides et, les sections alignées, il commande :

FIXE.

## ARTICLE III.

## Colonne à distance entière.

------

### Passer de la ligne déployée et de la formation par le flanc à la colonne à distance entière.

**75.** La compagnie étant en ligne déployée et de pied ferme, pour former la colonne à distance entière, face à droite (gauche), le capitaine commande :

> *Colonne à distance entière, face à droite (gauche).*

MARCHE.

Au commandement préparatoire, les chefs de section se portant à **2** pas devant le centre de leur section et commandent : *Section à droite (gauche).*

Au commandement de : *Marche,* les sections

se forment à droite (gauche) comme si elles étaient isolées ; les chefs de section se portent du côté du pivot pour surveiller l'alignement.

Le mouvement terminé, le capitaine commande :

FIXE.

**76.** La compagnie étant en ligne déployée et de pied ferme, pour la former en colonne à distance entière face en avant ou face en arrière, le capitaine la ploie d'abord en colonne de compagnie, puis forme la colonne à distance entière comme il est prescrit ci-après (n<sup>os</sup> 84 et suivants).

**77.** La compagnie étant par le flanc droit (gauche), de pied ferme ou en marche, pour former la colonne à distance entière face en avant, le capitaine commande :

*Colonne à distance entière.*

MARCHE.

Au commandement préparatoire, les chefs de section commandent : *Section à gauche (droite) en ligne.*

Au commandement de *Marche,* les sections se forment en ligne comme si elles étaient isolées ; les chefs de section se portent devant le centre de leur section. Le mouvement terminé, si la compagnie est en marche, le capitaine commande : *Guide à droite (gauche),* et donne un nouveau point de direction au guide de tête, s'il le juge nécessaire.

## Marcher, changer de direction ; arrêter la colonne.

**78.** La colonne à distance entière marche et est arrêtée d'après les principes prescrits pour la colonne de compagnie.

**79.** Pour lui faire changer de direction, le capitaine fait prendre le guide du côté opposé au changement de direction, s'il n'y est déjà, et commande :

> *Changement de direction à droite (gauche).*

Chaque section, à mesure qu'elle arrive à hauteur du point indiqué, change de direction, au commandement de son chef, comme si elle était isolée ; le chef de la première section fait face à sa section, dès le commandement préparatoire ; les chefs des deuxième, troisième et quatrième sections font face à leur section lorsque la section précédente commence son mouvement.

**80.** Si le changement de direction doit avoir lieu sous un angle peu ouvert, le capitaine indique à haute voix au guide de la tête le nouveau point de direction et commande :

> *Point de direction plus à droite (gauche).*

La première section se conforme aux principes prescrits à l'école de section ; les autres sections exécutent successivement le mouvement à la même place que la première.

# Passer de la colonne à distance entière à la colonne de compagnie, et réciproquement.

**81.** La compagnie étant en colonne à distance entière et de pied ferme, pour former la colonne de compagnie, le capitaine commande :

*Colonne de compagnie.*

Marche.

Au commandement préparatoire, le chef de la première section prévient sa section qu'elle ne doit pas bouger; ceux des autres sections commandent : *En avant, guide à droite (gauche).*

Au commandement de *Marche,* la première section ne bouge pas; les autres serrent à 6 pas de la section précédente; les serre-files serrent à 1 pas.

**82.** Si la colonne est en marche, la première section est arrêtée par son chef au commandement de *Marche.*

**83.** Pour former la colonne de compagnie sur la queue, le capitaine met, au préalable, la colonne face en arrière; le mouvement terminé, la colonne est remise face en avant.

**84.** La compagnie étant en colonne de compagnie et de pied ferme, pour former la colonne à distance entière, le capitaine, après avoir indiqué au guide de la tête la direction à suivre, commande :

*Colonne à distance entière.*

MARCHE.

Au commandement préparatoire, le chef de la première section commande : *En avant, guide à droite (gauche).*

Au commandement de : *Marche*, la première section part vivement ; la deuxième section et successivement les troisième et quatrième sont mises en marche au moment où elles ont leur distance et de manière à prendre le pas de la section précédente.

Les serre-files prennent leur distance en marchant.

**85.** Si le capitaine veut former la colonne à distance entière sur la section de queue, il arrête la compagnie au moment où cette section a sa distance.

**86.** Pour faire prendre les distances sur la tête de la colonne, le capitaine met, au préalable, la colonne face en arrière ; le mouvement terminé, la colonne est remise face en avant.

## Passer de la colonne à distance entière à la ligne déployée et à la formation par le flanc.

**87.** La compagnie en colonne à distance entière n'est formée en ligne déployée, face à gauche (droite), que de pied ferme. Le capitaine, après avoir fait prendre un alignement du côté du point d'appui s'il le juge nécessaire, commande :

*Ligne déployée, face à gauche (droite).*

Marche.

Au commandement préparatoire, les chefs de section commandent : *Section à gauche (droite).*

Au commandement de : *Marche*, les sections se forment à gauche (droite) comme si elles étaient isolées ; les chefs de section se placent à la gauche (droite) du premier rang ; les guides restant à l'aile à laquelle ils sont placés, reculent au second rang s'il y a lieu ; chaque section s'aligne du côté de son chef.

Le mouvement terminé, le capitaine commande :

Fixe.

**88.** La compagnie étant en colonne à distance entière, pour la former en ligne déployée, face en avant ou face en arrière, le capitaine fait, au préalable, former la colonne de compagnie, la met face en arrière s'il y a lieu, et la déploie.

**89.** La compagnie en colonne à distance entière étant en marche, pour la former par le flanc dans la même direction, le capitaine commande :

*Par le flanc droit (gauche).*

*Par section, par file à gauche (droite).*

Marche.

Au commandement de *Marche,* les sections font à droite (gauche); la file de tête de chacune d'elles change aussitôt de direction à gauche (droite) et les autres files viennent successivement exécuter leur mouvement à la même place que la première; chacune des deuxième, troisième et quatrième sections se dirige de manière à suivre immédiatement la section qui la précède.

**90.** Si la compagnie est de pied ferme, le capitaine lui fait faire par le flanc droit (gauche), avant de commander : *Par section, par file à gauche (droite).*

**91.** La compagnie en colonne à distance entière étant en marche, pour la former en ligne déployée, sur la droite (gauche), le capitaine fait prendre le guide à droite (gauche), s'il n'y est déjà, et commande :

*Sur la droite (gauche), ligne déployée.*

Il se porte ensuite promptement au point où il veut appuyer la droite (gauche) de la compagnie, s'y place face au point de direction de gauche (droite) qu'il choisit, et assure sur la ligne le fourrier, qui se porte rapidement un peu au delà du point où doit arriver la gauche (droite) de la compagnie.

La ligne est tracée de façon que le guide de chaque section, après avoir tourné à droite (gauche), ait au moins 10 pas à faire pour y arriver.

**92.** La première section étant près d'arriver à hauteur du point d'appui, son chef commande : *Tournez à droite (gauche).* MARCHE.

Au commandement de : *Marche,* la première section tourne à droite (gauche), et son guide se dirige de manière que l'homme placé à côté de lui arrive contre le capitaine ; le chef de section marche devant le centre de sa section qu'il arrête lorsqu'elle est près d'arriver sur la ligne, se porte à droite (gauche) en prenant la place du guide qui recule au second rang, et dirige l'alignement sur le fourrier.

La deuxième section continue à marcher droit devant elle jusqu'à hauteur de la file de gauche (droite) de la première, tourne alors à droite (gauche) au commandement de son chef, et son guide se dirige de manière à arriver à côté de cette file ; le chef de section l'arrête et en dirige l'alignement comme il est prescrit pour la première.

Les troisième et quatrième sections exécutent le mouvement de la même façon que la deuxième.

Le capitaine commande :

FIXE.

Les chefs de section, les guides et le fourrier reprennent leur place s'il y a lieu.

## ARTICLE IV.

# Colonnes de route ; colonne contre la cavalerie.

---

## Colonnes de route.

**93.** La compagnie marche habituellement par le flanc sur quatre rangs, les deux rangs doublés occupant toujours le côté droit de la route ; si l'on ne peut prendre cette formation, chacun des deux rangs doublés marche sur un des côtés de la route. La moitié de la chaussée, ou le milieu de celle-ci, doit rester absolument libre.

**94.** Le capitaine met la compagnie en marche en faisant précéder le commandement de *Marche* de celui de *Pas de route*.

Les soldats se mettent en marche en prenant le pas de route, et portent d'eux-mêmes l'arme à volonté ; ils ne sont plus tenus de marcher du même pied, ni de garder le silence. La file de tête observe la vitesse voulue pour parcourir le kilomètre en onze ou douze minutes : elle commence toujours la marche d'un pas modéré, et augmente progressivement la vitesse, qui est ensuite uniforme.

**95.** Lorsque la compagnie marche sur quatre rangs, les guides se placent en tête de leur section, devant le rang qui est du côté libre de

la route ; les chefs de section, du même côté, à
hauteur et en dehors de la dernière file de leur
section ; les serre-files à la queue de la section
à laquelle ils sont attachés, à la droite du guide
de la section suivante.

Lorsque les deux rangs doublés marchent l'un
à droite, l'autre à gauche de la route, les guides
se placent devant le premier rang doublé, du
côté de la chaussée ; les chefs de section, du
même côté, à hauteur de la dernière file de
leur section, en ayant soin de laisser libre le
milieu de la route ; les serre-files se répartis-
sent, des deux côtés de la chaussée, à la queue
de la section, à laquelle ils sont attachés.

Le capitaine se tient habituellement à la tête
de la compagnie ; il se porte fréquemment à la
queue pour mieux surveiller la marche, la tenue,
l'ordre et la discipline.

**96.** Pour faire reprendre le pas accéléré, le
capitaine commande :

> *Pas accéléré.*

> Marche.

Au commandement de : *Marche*, les soldats
reprennent le pas accéléré, portent régulière-
ment l'arme à la bretelle ou mettent l'arme sur
l'épaule droite si le capitaine en donne l'ordre.

**97.** Le capitaine fait reprendre le pas de
route par le commandement de :

> *Pas de route.*

> Marche.

Titre III.                                    4

**98.** La compagnie peut aussi marcher au pas de route, en colonne à distance entière; dans ce cas, au commandement de : *Marche*, les hommes du second rang prennent la distance de 80 centimètres. Les changements de direction sont exécutés à l'avertissement des chefs de section. Lorsque la compagnie reprend le pas accéléré, les hommes du second rang serrent à la distance de 50 centimètres.

Si la largeur du chemin ne permet plus de conserver cette formation, le capitaine fait marcher par le flanc dans la même direction.

**99.** Si le chemin devient trop étroit pour que la compagnie marche par le flanc sur quatre rangs, les sections dédoublent les files successivement et, au besoin, marchent sur un rang. Les files ou les hommes se suivent le plus près possible.

**100.** Lorsque le défilé donne passage à deux ou quatre hommes de front, la compagnie se reforme successivement sur deux ou sur quatre rangs; au besoin, la tête de la compagnie est arrêtée lorsqu'elle a parcouru, au delà du défilé, un espace suffisant pour contenir la compagnie; les files serrent à leur distance, et le capitaine fait ensuite reprendre la marche de manière que les dernières files ne soient pas obligées de s'arrêter après avoir traversé le défilé.

**101.** Dans les marches exécutées à proximité de l'ennemi il importe de réduire, le plus possible, la profondeur des colonnes.

A cet effet, si la largeur de la route est suffisante, la compagnie marche sur 6 ou 8 rangs.

**102.** Pour marcher sur 6 rangs, les trois premières sections font par le flanc en doublant les
files et restent placées l'une derrière l'autre ; la
dernière section fait par le flanc sans doubler,
déboite à droite ou à gauche, suivant que la
compagnie doit marcher la droite ou la gauche
en tête, et vient s'accoler aux autres sections,
sa file de tête à hauteur de la file de tête de la
première section, les autres files sur le prolongement des files correspondantes des sections
qui ont doublé.

**103.** Pour marcher sur 8 rangs, la compagnie
fait par le flanc en doublant les files, le deuxième
peloton déboite à droite ou à gauche, suivant
que l'on doit marcher la droite ou la gauche en
tête, et vient s'accoler au premier peloton, sa
file de tête à hauteur de la file de tête de ce
peloton.

Le même mouvement peut également s'effec-
tuer en doublant les sections dans chaque peloton et en faisant serrer le peloton de queue sur
celui de tête.

**104.** Dans les formations de marche sur 6 ou
8 rangs, les guides restent en tête du premier
rang de leur section, les chefs de section à côté
des guides. Les serre-files se placent à la queue
de leur section, sur la même ligne que les guides
et les chefs de section.

**105.** Lorsqu'elles ont été ordonnées, ces formations doivent être prises avant de s'engager sur la route principale.

**106.** *Les mouvements relatifs aux colonnes de route sont enseignés dans les exercices de marche et quand la compagnie se rend à la manœuvre ou au champ de tir.*

## Colonne contre la cavalerie.

**107.** La compagnie étant en colonne de compagnie, pour former la colonne contre la cavalerie, le capitaine commande :

*Colonne contre la cavalerie.*

MARCHE.

Au commandement préparatoire, les hommes mettent d'eux-mêmes la baïonnette au canon ; les tambours et les clairons se portent en serre-files derrière la deuxième section ; les chefs des deuxième et troisième sections, aidés par les sous-officiers, désignent vivement le nombre de files nécessaires pour fermer, sur les faces latérales, l'espace vide qui se trouve en avant de leur section.

Au commandement de : MARCHE, la première section ne bouge pas (ou s'arrête) ; la quatrième section serre sur celle qui la précédent et fait face en arrière ; dans les deuxième et troisième sections, les files désignées pour boucher les espaces vides se forment à droite et à gauche, et les files non employées appuient à droite et à gauche contre les faces latérales, afin de laisser libre le centre de la colonne.

Le mouvement terminé, le capitaine commande :

FIXE.

Les chefs de section et les guides entrent dans la colonne.

**108.** Si l'on exécute des feux, le chef de la deuxième section commande la face de droite, et celui de la troisième la face de gauche.

**109.** Pour reformer la colonne de compagnie, le capitaine commande :

*Colonne de compagnie.*

MARCHE.

Au commandement de : *Marche*, la colonne se reforme : les files des deuxième et troisième sections qui sont restées en colonne appuient à gauche et à droite, et celles qui se sont formées à droite ou à gauche se replacent en colonne par le pas en arrière ; la quatrième section reprend sa distance et fait face en arrière ; les guides, les serre-files, les tambours et les clairons reprennent leur place.

Le mouvement terminé, le capitaine commande :

FIXE.

ARTICLE V.

## Assouplissement de la compagnie.

**110.** L'assouplissement de la compagnie est

exécuté d'après les principes et au moyen des signaux prescrits pour l'escouade et pour la section (1).

Le capitaine sert de guide et se place à 10 pas en avant du chef de la section de tête, si la compagnie est en colonne ou par le flanc ; à 10 pas devant le chef de la section choisie comme section de base si la compagnie est en ligne déployée ou si la compagnie en colonne a été formée par le flanc des subdivisions.

Les chefs de section restent à leur place réglementaire.

La subdivision de base se place dans la direction indiquée ou suit exactement les traces du capitaine. Les autres subdivisions se conforment aux mouvements de la section de base, en employant, à cet effet, les moyens les plus prompts.

La succession des mouvements doit être aussi rapide que possible, mais jamais au détriment de l'ordre.

Les lignes ne sont pas jalonnées.

**111.** Lorsque le capitaine veut surveiller l'assouplissement de la compagnie, il confie la direction à l'un des chefs de section, qui le remplace dans ses fonctions de guide et prend sa place.

---

(1) La compagnie, en colonne à distance entière, sera également exercée à se former en ligne déployée face en avant sans passer par la colonne de compagnie.

Les sections se portent à hauteur de la section de tête par une marche oblique.

## Observation.

**112.** *Lorsque la compagnie est formée à deux sections, elle manœuvre d'après les mêmes principes et par les mêmes commandements que si elle était à quatre sections.*

# SECONDE PARTIE.

***

## Règles générales.

**113.** La seconde partie de l'école de compagnie a pour objet de donner à la compagnie les moyens de combattre.

**114.** Les mouvements sont exécutés d'après des ordres donnés directement à la voix ou transmis par des ordonnances, ou encore au moyen de signaux.

**115.** Les ordres donnés à la voix sont conçus en termes clairs et précis.

Les ordres portés par les ordonnances sont, autant que possible, communiqués par écrit.

Les signaux qui servent à transmettre les commandements sont ceux indiqués à l'assouplissement de l'escouade; ils sont précédés d'un coup de sifflet.

Sur la ligne de combat, les commandements ainsi transmis sont complétés à la voix, si cela est nécessaire.

**116.** Quand la compagnie est encadrée, le capitaine commande directement la ligne de combat ; quand la compagnie est isolée, il adresse ses ordres aux chefs de section et au commandant de la réserve. Ce dernier se tient, au moyen de soldats intelligents, en relation constante avec les fractions de première ligne et avec le commandant de la compagnie.

Pendant la marche en avant, le capitaine surveille particulièrement le mouvement de la subdivision de base.

**117.** Le capitaine donne les ordres généraux ; les chefs de section font exécuter les mouvements nécessaires.

**118.** Dans les exercices de la seconde partie, les fractions à rangs serrés se conforment aux principes prescrits dans la première partie, sans s'astreindre à un alignement rigoureux toutes les fois qu'il est avantageux d'utiliser les accidents du terrain.

Dans ces exercices, les officiers, les adjudants et les sergents-majors ne mettent le sabre à la main qu'au moment de l'assaut.

**119.** Les tambours et les clairons marchent avec la réserve de la compagnie si la compagnie est isolée, ou avec la réserve du bataillon si la compagnie est encadrée.

**120.** En principe, le chef de chaque fraction de la compagnie doit rester à la place qui lui est assignée et, s'il est obligé de s'en écarter momentanément, y retourner dès que sa présence sur un autre point n'est plus nécessaire.

Lorsqu'une fraction constituée est divisée, son chef se tient avec la portion où sa présence est le plus nécessaire.

## Méthode d'instruction.

**121.** Le chapitre premier de la seconde partie est enseigné sur le terrain d'exercices en supposant la direction générale dans laquelle se trouve l'ennemi.

**122.** Le terrain d'exercices est également utilisé pour enseigner les articles I et II du chapitre second. Dans cette instruction préliminaire, on se borne à opérer d'après une hypothèse simple : on s'attache principalement à bien faire comprendre les phases successives du combat, telles qu'elles résulteraient de l'hypothèse donnée; si l'étendue du terrain est insuffisante, on les représente séparément. L'ennemi n'est figuré que par quelques hommes ou simplement par des fanions.

**123.** Lorsque les gradés et les hommes sont familiarisés avec les mouvements du chapitre II, la compagnie est conduite en terrain varié. On figure l'ennemi et on dirige la manœuvre d'après une idée générale dont on suit le développement naturel.

Le capitaine fait, sans s'écarter de la vraisemblance, des suppositions diverses ; elles sont simples dans les commencements et arrivent progressivement à représenter tous les incidents du combat, en se rapprochant de ce qui se passerait réellement en présence de l'ennemi.

Les officiers et les sous-officiers profitent des temps d'arrêt qui peuvent se produire pour indiquer aux soldats le but des divers mouvements.

Ces exercices sont répétés avec la compagnie portée, autant que possible, à l'effectif deguerre.

**124.** L'instruction de la compagnie est complétée par des exercices à double action exécutés sous la direction du chef de bataillon.

Dans ces exercices, l'ennemi est habituellement représenté ; on oppose une compagnie à une autre.

Le chef de bataillon donne, sous forme d'ordre verbal ou écrit, le thème de l'opération à exécuter : il indique dans cet ordre le but à atteindre, les conditions dans lesquelles est supposée la troupe et le moment où la manœuvre doit commencer. Chaque parti doit ignorer la position, la force et la mission du parti opposé.

Tout en se conformant au programme donné, les chefs de parti agissent d'après leur propre initiative ; cependant, au début de l'instruction, le chef de bataillon se fait rendre compte des dispositions qu'ils ont l'intention de prendre.

Si les phases du combat se succèdent trop rapidement, si des fautes ont été commises, ou si une situation offre un intérêt particulier, le chef de bataillon fait arrêter la manœuvre, rassemble les officiers, rectifie l'erreur commise ou donne les explications nécessaires; il fait ensuite recommencer, s'il y a lieu, la phase du combat. Pendant le cours de la manœuvre, il peut renforcer l'un des partis et modifier les ordres donnés de manière à changer la situation; chaque chef de parti est ainsi appelé à prendre rapidement ses résolutions et à varier immédiatement ses dispositions.

**125.** Le chef de bataillon veille à ce qu'il soit tenu compte des effets probables du feu; il décide quel est le parti qui a l'avantage et à quelle distance l'autre parti doit se retirer.

Les indications suivantes lui servent de guide pour prendre ses décisions :

Le feu est jugé inefficace lorsqu'il est exécuté avec précipitation ou sans tenir compte des distances et des objectifs.

L'attaque de front contre une troupe postée et faisant feu est considérée comme repoussée, si la troupe qui l'exécute s'avance à découvert, dans un ordre trop compact, ou si sa formation ne lui permet pas de faire un bon usage de ses feux, ou encore si cette troupe est trop disséminée et manque de cohésion.

La troupe assaillante est, au contraire, considérée comme victorieuse, si elle est bien disposée et bien soutenue, si elle fait un emploi judicieux de son feu et combine ses attaques de manière à s'assurer la supériorité du nombre sur le point décisif.

Une troupe qui reste sans réserve ou qui l'engage prématurément, qui étend trop son front, qui néglige de s'éclairer et de couvrir ses flancs, ou qui ne se relie pas aux troupes voisines, est considérée comme commettant une faute.

**126.** La manœuvre terminée, le chef de bataillon réunit les officiers et fait la critique sur le terrain même; chaque commandant de parti lui expose brièvement la série des mouvements qu'il a fait exécuter et les raisons de sa conduite. Le chef de bataillon indique en détail les remarques qu'il a faites et explique comment on aurait dû procéder.

Le capitaine fait connaître aux sous-officiers de la compagnie les observations auxquelles a donné lieu la manœuvre, en ce qui les concerne.

La marche des éclaireurs, les reconnaissances qu'ils auront faites, les renseignements qu'ils auront fournis, sont compris dans l'appréciation de la manœuvre.

## Instruction relative aux éclaireurs d'infanterie.

La poudre sans fumée, la justesse de l'arme, la tension de la trajectoire et la rapidité du tir ont pour effet de rendre plus invisible un adversaire abrité et plus dangereuses les zones battues par le feu.

Il en résulte que la reconnaissance des positions de l'ennemi devient d'une extrême difficulté pour des cavaliers; seuls, des éclaireurs d'infanterie bien exercés, profitant des moindres accidents du sol, pourront se glisser assez près de l'ennemi pour procurer des renseignements de quelque précision, et éviter les surprises.

Il est donc nécessaire que chaque corps d'infanterie ait ses éclaireurs. Les dispositions qui suivent ont pour but d'organiser ce service et d'indiquer les lignes générales de son fonctionnement.

**127.** Dans chaque compagnie, deux hommes par escouade (1) sont spécialement désignés et instruits pour le service des éclaireurs. Autant que possible un seul sera employé, l'autre étant considéré comme son suppléant.

Ils doivent avoir une vue excellente, être intelligents, alertes, bons tireurs, bons marcheurs et bien trempés au point de vue moral.

**128.** Le chef de bataillon, ou le capitaine si la compagnie est isolée, décide s'ils seront employés en totalité ou en partie. Il désigne l'officier ou le gradé qui en prendra le commandement.

---

(1) Les éclaireurs sont au nombre de 32 en temps de guerre et de 16 en temps de paix.

En principe, ils éclairent leur compagnie et combattent avec elle.

Ce n'est qu'exceptionnellement qu'on peut les réunir par bataillon pour une mission spéciale. Dans la plupart des cas, flanc-gardes, partisans, soutiens de la cavalerie, de l'artillerie, etc., des fractions constituées suffisent.

**129.** La distance à laquelle ils se portent de la troupe à couvrir est essentiellement variable ; elle dépend de l'ennemi qu'on a à combattre, de la mission qui leur est confiée, des circonstances et du terrain.

**130.** Ils restent en relation constante avec leur compagnie par tous les moyens possibles, au besoin à l'aide d'hommes de communication que le capitaine détache successivement.

**131.** Les éclaireurs de deux compagnies voisines doivent se porter un mutuel appui.

**132.** En campagne, ils sont aussi allégés que possible.

**133.** Un officier, auquel sont adjoints un sous-officier et deux caporaux de choix, réunit souvent les éclaireurs de la compagnie pour perfectionner leur instruction spéciale.

Il revient sur l'enseignement qui a été donné à tous les hommes de la compagnie : emploi du terrain, reconnaissances des bois, villages, etc.

Il leur fait apprécier les grandes distances et

évaluer de loin la force d'une troupe ; il les exerce ensuite à leur rôle dans le combat, à s'avancer, sans sortir d'une zone déterminée et dans les formations les plus favorables, vers un ennemi représenté, et à faire la reconnaissance de ses travaux de défense; enfin, il leur apprend à transmettre les renseignements qu'ils ont recueillis.

Ces exercices ont lieu dans différents terrains.

Le chef de bataillon apporte une attention toute particulière à cette partie de l'instruction.

# ÉCOLE DE COMPAGNIE.

## CHAPITRE Ier.

## Instruction de la section pour le combat.

### ARTICLE UNIQUE.

### Formations de la section.

**134.** Pendant la marche qui précède l'ouverture du feu, la section quitte les formations serrées, quand elles deviennent vulnérables, et se forme habituellement soit par files ouvertes à un pas, soit sur un rang sans intervalles.

Dès qu'elle ouvre le feu, elle est formée sur un rang, à moins qu'elle ne puisse utiliser des abris.

**135.** Tant que le feu n'est pas commencé, le chef de section se tient à 12 pas en avant du centre de sa section.

**136.** Les chefs de demi-section se tiennent à 8 pas en arrière du centre de leur subdivision. Les caporaux restent dans le rang.

**137.** En principe, la section est formée perpendiculairement à sa direction de marche.

**138.** Elle est disposée par files ou sur un rang, elle ouvre et serre les intervalles, marche, change de direction et est arrêtée par les commandements et d'après les moyens prescrits pour l'escouade.

## Feux.

**139.** Les feux sont exécutés par la section d'après les principes et par les commandements prescrits pour l'escouade.

**140.** Le chef de section se place au point d'où il peut le mieux se faire entendre et observer les résultats. Il s'attache à bien indiquer aux hommes le point à viser.

**141.** Au premier commandement, les sous-officiers se portent en arrière de leur troupe, s'ils n'y sont déjà. Dans les feux à genou et couché, ils prennent la même position que les hommes, sans charger.

**142.** Pour la bonne exécution des feux de salve, le front de la section doit être assez restreint pour que les commandements soient très bien entendus par tous les hommes.

**143.** Dans les feux à volonté, si l'étendue du front l'exige, les sous-officiers répètent les commandements du chef de section.

**144.** On peut modérer l'intensité du feu en désignant dans la section les fractions qui doivent y prendre part ou en ne faisant tirer qu'un certain nombre d'hommes par escouade.

**145.** Pour faire exécuter, dans certains cas très exceptionnels, des feux de salve sur 4 rangs, on place deux subdivisions l'une derrière l'autre, à distance de rang ; la première tire à genou, la seconde debout ; les serre-files de la première subdivision se placent sur les flancs.

**146.** Le peloton peut exécuter les différents feux d'après les principes prescrits pour la section. Les chefs de section, au premier commandement du chef de peloton, se portent en arrière de leur section.

## Rassemblement. Ralliement.

**147.** Pour rassembler la section de pied ferme ou en marche, le chef de section se porte devant l'escouade qu'il choisit comme base du mouvement et fait le signal ou commande :

*Rassemblement.*

A ce commandement, l'escouade de base se rassemble comme si elle était isolée ; les autres escouades se rassemblent sur la file de droite (gauche) et serrent sur l'escouade de base en marchant par le flanc ou obliquement.

**148.** Pour rallier la section, le chef de section se porte rapidement à l'escouade ou au point qu'il choisit pour le ralliement, et fait le signal ou commande ·

*Ralliement.*

Le ralliement est exécuté d'après les principes prescrits pour l'escouade.

**149.** Pour rallier par escouade, le chef de section commande :

*Ralliement par escouade*

et se porte à l'une des escouades.

**150.** Le ralliement n'implique pas l'idée de retraite. Dans les cas particuliers où la retraite doit suivre le ralliement, elle ne commence que sur l'ordre de l'officier commandant la ligne.

**151.** A la suite de tout ralliement, aussitôt que les circonstances le permettent, les subdivisions se rassemblent et reprennent leur formation normale.


## Observation.

**152.** *Les principes énoncés ci-dessus sont applicables à la demi-section.*


## CHAPITRE II.

## Indications sur le combat de la compagnie.

---

### ARTICLE Ier.

**153.** La compagnie peut être supposée faire partie d'un bataillon ou combattre isolément. Dans le premier cas, elle se trouve appuyée à droite et à gauche par d'autres troupes, elle n'a qu'à agir droit devant elle ; elle est soutenue en arrière par d'autres compagnies, toutes ses sub-divisions peuvent donc, sans autre préoccupa-tion, concourir à l'action décisive. Dans le second cas, la compagnie, livrée à elle-même, peut avoir à combattre de front et de flanc ; elle doit garder intacte, jusqu'au moment décisif, une portion de sa réserve comme dernière ressource.

Le mode d'action doit aussi varier suivant que la compagnie livre un combat offensif ou un combat défensif ; dans tous les cas, la ferme vo-lonté de vaincre est la première garantie du succès.

## Offensive.

**154.** *Seule, l'offensive permet d'obtenir des résultats décisifs.*

*Ce principe doit servir de base à l'éducation militaire et de guide dans les exercices et les manœuvres:*

**155.** *Toute troupe qui marche à l'ennemi se fait couvrir par des éclaireurs.*

**156.** Le front de combat de la compagnie dé-pend de son effectif et de sa situation tactique.

La compagnie de 200 fusils occupe un front de 150 mètres environ.

### 1º Compagnie encadrée.

**157.** *Marche des éclaireurs.* Selon les ordres

donnés par le chef de bataillon, le capitaine désigne les éclaireurs à envoyer en avant et met pied à terre.

Les éclaireurs se maintiennent dans la zone d'action de leur compagnie; ils ne perdent pas de vue l'objectif, marchent dans sa direction, soit par petits groupes, soit dispersés. Si les circonstances les obligent à s'écarter de la direction suivie, ils y reviennent le plus rapidement possible.

Ils se portent à une distance variable suivant le terrain (1).

Ils indiquent les points de passage, les emplacements favorables aux arrêts, et refoulent les éclaireurs de l'ennemi; en terrain couvert ou coupé ils s'avancent jusqu'à la position que leur a fixée le capitaine.

Si cette position n'a pas pu être déterminée, les éclaireurs s'arrêtent assez loin de l'infanterie ennemie pour que leur situation ne soit pas compromise, et que leur compagnie puisse les rejoindre; mais ils doivent s'en approcher suffisamment pour reconnaître les positions de l'artillerie et de l'infanterie et gêner leur tir (2).

A ce moment, ils prennent possession du terrain; quelques hommes sont détachés, s'il y a lieu, pour compléter la reconnaissance de la position ennemie.

---

(1) Dans les manœuvres en terrain plat et découvert, cette distance ne devra pas être inférieure à 500 mètres.

(2) Dans les manœuvres en terrain plat et découvert, ils s'arrêtent à 900 mètres environ de l'ennemi.

Les éclaireurs attendent l'arrivée de leur compagnie, et par leurs feux ils cherchent à faciliter son entrée en ligne.

Leur chef recueille les renseignements, y compris ceux qui intéressent le tir de l'artillerie, les contrôle autant que possible et les transmet. Le capitaine se tient en liaison avec lui.

**158.** Le rôle des éclaireurs cesse au moment où ils sont rejoints par leur compagnie.

**159.** *Marche de la compagnie.* Si le terrain est *couvert ou coupé*, le capitaine fait prendre à sa troupe les formations les plus favorables pour la soustraire aux vues et aux coups de l'ennemi.

**160.** Quand elle rejoint les éclaireurs, il la dispose sur la ligne de combat en totalité ou en partie, selon les nécessités de la lutte, les abris et les facilités du tir; toutefois il ne perd pas de vue qu'il importe, dès le début de l'action, de mettre en ligne le plus grand nombre de fusils pour s'assurer la supériorité du feu.

En tout cas, il ne laisse en arrière aucune fraction de sa troupe si elle ne peut être abritée.

**161.** La compagnie gagne rapidement du terrain; dès qu'elle est obligée de riposter pour avancer, elle progresse d'abri en abri et cherche à s'établir sur une position très rapprochée de

la ligne ennemie pour l'écraser de ses feux et
s'élancer ensuite à l'assaut.

**162.** Si le combat doit être engagé sur un
terrain *plat et découvert*, le capitaine se conforme aux indications générales suivantes :

Pendant la marche d'approche, la compagnie
est disposée en sections ou de préférence en pelotons marchant par le flanc, avec des intervalles
aussi grands que le permet l'étendue du front qui
lui est attribué.

**163.** Quand la formation par le flanc devient
trop vulnérable (1), le capitaine forme la compagnie en ligne par files ouvertes (2) ou sur un
rang.

Pour la facilité de la marche et la bonne exécution des feux de salve, on laisse quelques pas
d'intervalle entre les sections.

**164.** La compagnie s'avance dans cet ordre,
rejoint tout entière la ligne des éclaireurs et se
forme sur un rang, si elle n'y est déjà ; elle cherche à gagner du terrain en avant.

La direction est au centre.

**165.** Dès qu'on ne peut plus avancer sans

---

(1) A l'instruction à 1.300 mètres de l'infanterie
ennemie.

(2) L'intervalle entre les files sera habituellement d'un pas, mais il pourra être plus grand
suivant le terrain à couvrir.

tirer, le capitaine entame vigoureusement l'action. Il indique l'objectif ; le feu commence sur toute la ligne, et autant que possible par salves et par section. Si l'espacement des hommes rend les feux de salve impossibles, le feu est exécuté à volonté.

**166.** La compagnie est ensuite portée en avant, de position en position, généralement tout entière ; le feu alterne avec la marche ; les hommes se resserrent sur le centre (1).

**167.** Le combat se poursuit ainsi avec les seules forces de la compagnie ou avec l'aide des compagnies de réserve.

**168.** Dès que la compagnie arrive vers 400 mètres de l'ennemi, le combat est conduit avec la plus extrême énergie ; la baïonnette est mise au bout du canon et le feu rapide est ouvert sur toute la ligne.

La marche continue par bonds successifs suivis immédiatement d'un feu rapide de courte durée.

La compagnie, renforcée s'il est nécessaire, s'avance ainsi jusqu'à 150 ou 200 mètres de l'ennemi. .A cette distance, elle exécute le feu à répétition, puis, sous l'action entraînante des officiers et des gradés qui se sont portés en tête, et au besoin des troupes de réserve, elle s'élance à l'assaut au cri de :

En avant. — A la baïonnette.

---

(1) A l'instruction on pourra simuler les pertes.

**169.** D'ailleurs, le capitaine n'hésite pas à brusquer l'attaque, sans attendre le concours de la réserve, quand il lui est possible d'enlever la position par un coup d'audace.

**170.** Si l'attaque réussit, la compagnie gagne un emplacement favorable pour poursuivre l'ennemi de ses feux.

Lorsque l'ordre en est donné, la compagnie est rassemblée.

**171.** En cas d'insuccès, le capitaine rallie aussi rapidement que possible la compagnie et se prépare à renouveler l'attaque, *car il est toujours préférable de marcher en avant, la retraite, si rapidement qu'elle soit exécutée, étant le mouvement qui expose aux pertes les plus considérables.*

**172.** Le ralliement a lieu autant que possible par section. Si les unités sont mélangées, les hommes se rallient à l'officier ou au sous-officier le plus rapproché.

### Observations.

**173.** Le capitaine n'a pas de place déterminée ; il veille au maintien de la direction et se tient pendant le combat au point le plus favorable pour diriger l'action ; il dispose du fourrier et de deux soldats pour porter ses ordres, et pour faire connaître au chef de bataillon ses besoins en munitions.

Quand la compagnie se forme par files ouvertes ou sur un rang, les chefs de section se placent devant leur section et en dirigent la marche ; dès l'ouverture du feu, ils se tiennent en arrière du centre.

### 2° Compagnie isolée.

**174.** La compagnie combat généralement encadrée.

Si elle est isolée, le capitaine envoie des éclaireurs, donne ses ordres, échelonne ses sections, les engage au fur et à mesure des nécessités du combat ; il veille à la sécurité des flancs et conserve toujours une réserve pour parer aux éventualités ou constituer une troupe de choc.

Il se conforme aux principes généraux du combat de la compagnie encadrée.

## Défensive.

**175.** *La défensive tire sa force principale des feux et de l'emploi judicieux du terrain.*

*En principe, l'hypothèse d'une défense passive est repoussée absolument.*

*La défense active, la seule que l'on envisage, ne doit chercher dans le choix du terrain et dans la situation d'attente qu'un surcroît de force et le moyen d'attirer le combat sur une position qu'elle connaît afin de frapper l'ennemi plus sûrement et dans de meilleures conditions.*

## 1° Compagnie encadrée.

**176.** Le front de la compagnie encadrée peut être porté jusqu'à 200 mètres, sans qu'il soit nécessaire de l'occuper uniformément.

**177.** Lorsque le capitaine reçoit l'ordre d'occuper une position défensive, il conduit la compagnie au point qui lui a été fixé ; il envoie en avant, s'il y a lieu, des patrouilles d'éclaireurs pour observer l'ennemi. Ces patrouilles se relient avec celles des compagnies voisines.

**178.** Le capitaine complète et augmente par tous les moyens possibles l'approvisionnement en cartouches.

Il procède ensuite à la reconnaissance : elle a pour objet d'étudier tous les avantages que peut offrir la position au point de vue offensif et défensif ; elle porte sur la ligne de défense et ses abords ; sur les voies de communication en avant et en arrière, enfin sur les points de ralliement et sur la ligne de retraite.

**179.** La reconnaissance terminée, le capitaine indique à chaque subdivision l'emplacement à occuper et les travaux de défense à exécuter : abatis, tranchées-abris, coupures, etc.

Chaque chef de subdivision étudie aussitôt, non seulement le terrain en avant de lui, mais encore celui qui se trouve en avant des subdivisions voisines, repère les distances et les fait connaître à ses subordonnés.

**180.** Si le combat ne doit pas s'engager immédiatement, le capitaine ne dispose en avant que le nombre d'hommes nécessaire pour la surveillance du terrain et l'exécution des travaux; il laisse le gros de la compagnie à l'abri des vues de l'ennemi, dans la position d'attente qui lui a été indiquée.

**181.** A l'approche de l'ennemi, les patrouilles renseignent le capitaine sur la force de l'adversaire, sur les dispositions qu'il a prises, ainsi que sur la direction de son attaque; leur première résistance peut forcer celui-ci à se déployer et à dévoiler ses intentions. Le capitaine règle en conséquence ses dernières dispositions.

Lorsque l'attaque se dessine, le capitaine fait occuper la position.

Il dispose sa troupe sur la ligne de défense selon les facilités du tir et les nécessités du combat; pour s'assurer la supériorité du feu dès le début, le capitaine peut porter en ligne toute la compagnie; dans tous les cas, il ne laisse en arrière aucune fraction à moins qu'elle ne puisse être abritée dans des tranchées ou derrière des couverts très rapprochés de la ligne de défense.

Pour faciliter l'exécution des feux et le passage à l'offensive, il laisse des intervalles sur la ligne.

**182.** Le feu est ouvert, dès qu'il peut être efficace, par salves et généralement par section.

Son intensité est réglée suivant les distances et l'importance des objectifs. Des subdivisions peuvent être désignées pour tirer sur les réserves de l'ennemi pendant que les autres ripostent à ses tirailleurs.

**183.** Dès que l'assaillant renforce sa ligne (1) pour prendre la supériorité du feu, la défense se continue avec le concours des sections encore disponibles ou celui des compagnies de réserve du bataillon.

Les contre-attaques sont exécutées par les compagnies de réserve.

**184.** Si l'attaque échoue, le défenseur poursuit l'ennemi de ses feux et se dispose à prendre vigoureusement l'offensive.

Si l'attaque réussit, la compagnie se dégage sous la protection du feu des unités restées compactes, et se rallie sur la position reconnue à l'avance et désignée par le chef de bataillon.

**185.** *A moins d'ordres contraires, on n'abandonne la position qu'à la dernière extrémité, après une défense à outrance.*


### 2° Compagnie isolée.


**186.** Après avoir envoyé ses patrouilles en avant et sur les flancs, le capitaine arrête sa

---

(1) A l'instruction lorsque l'ennemi arrive à 500 mètres environ de la position.

compagnie à l'abri des vues de l'ennemi et exécute la reconnaissance. Il donne ensuite ses instructions, désigne la section ou les sections qui doivent occuper la ligne de défense, indique les travaux à exécuter, les dispositions à prendre pour couvrir les ailes; il conserve toujours une réserve pour exécuter une contre-attaque ou protéger la retraite.

## ARTICLE II.

### Règles pour l'emploi des feux.

**187.** En principe, le feu est conduit par groupes, il doit toujours pouvoir être arrêté et repris instantanément à la volonté des chefs.

L'effet moral du feu est d'autant plus grand que son action est plus instantanée.

**188.** On ne doit jamais, dans le seul but de se ménager le bénéfice des ricochets, prendre une hausse plus faible que celle qui résulte de l'évaluation de la distance ou de l'observation des points d'arrivée.

Aux distances supérieures à 1,000 mètres, lorsqu'on a une grande incertitude sur la vraie valeur de la distance et qu'il est urgent d'agir par le feu, on peut faire usage de deux hausses différant entre elles de 200 mètres et encadrant la distance appréciée. L'emploi simultané de deux hausses dans les fractions constituées plus faibles que la section est interdit.

**189.** Dans l'offensive, un tir prématuré ralentit le mouvement en avant et contribue, sans résultat sérieux, à l'épuisement des munitions : on ne devra commencer le feu que le plus tard possible.

Dans la défensive, le réapprovisionnement en munitions est facile et il y a intérêt à gêner le plus tôt possible la marche de l'assaillant : on pourra, dès que l'ennemi devient vulnérable, donner au feu une grande intensité.

Dans tous les cas, conduire le feu d'après le nombre de cartouches dont on dispose et se ménager un approvisionnement suffisant pour le moment décisif.

Tant que le feu rapide n'est pas décidé, rechercher l'efficacité du feu plutôt dans sa justesse que dans une exagération de la vitesse.

**190.** Le chef de bataillon indique à ses officiers l'objectif à atteindre et, s'il y a lieu, la partie de la ligne ennemie sur laquelle ils auront à concentrer leurs feux.

Les commandants de compagnie déterminent les objectifs à battre s'ils n'ont pas été indiqués par le chef de bataillon ou s'il survient des incidents imprévus qui modifient subitement les conditions du combat : ils règlent l'emploi des feux et la consommation des cartouches, prescrivent le point à viser et la hausse à prendre et veillent au réglage du tir ; ils fixent le moment de l'ouverture et de la cessation du feu.

Les chefs de section suppléent au besoin le capitaine, surveillent, ainsi que les sous-officiers, l'emploi des hausses et veillent au bon ordre et à l'exécution des commandements.

Aux grandes et aux moyennes distances, dès que le feu est commencé, les officiers s'appliquent à observer les points d'arrivée.

**191.** Au combat, on vise le pied du but. Pour toute distance au-dessous de 600 mètres, sur une troupe debout ou en mouvement, le réglage du tir sera suffisamment assuré en prenant la ligne de mire de 400 mètres. Contre la cavalerie, la hausse de 600 mètres convient à toutes les distances inférieures à 800 mètres.

**192.** Les feux de salve contribuent à maintenir l'ascendant des chefs sur la troupe, facilitent la concentration des feux sur un même objectif, permettent de rectifier le tir par l'observation des points d'arrivée et donnent le moyen de régler la consommation des munitions.

Leur emploi, aussi bien dans l'offensive que dans la défensive, doit se prolonger le plus longtemps possible et le devoir des officiers et des gradés est de veiller à ce qu'ils ne dégénèrent pas en feux à volonté.

Les salves sont exécutées autant que possible par section. Toutefois, lorsque le tir a pour objet d'agir par surprise et que des formations compactes présentent momentanément des objectifs très favorables, il y a intérêt à les faire exécuter par des pelotons entiers.

Après l'enlèvement d'une position, les salves constituent le meilleur moyen de poursuivre l'ennemi et de remettre les hommes dans la main.


**193.** Les limites de l'emploi des feux dépendent des distances, des conditions dans lesquelles peut se faire le réglage, des dimensions du but et de sa situation par rapport au terrain, de l'habileté et de l'état moral de la troupe, de la quantité de munitions dont elle dispose. Elles ne sauraient donc être fixées d'une manière absolue. Toutefois on peut admettre que, dans les conditions moyennes, l'emploi des feux de salve est justifié :

A 800 mètres, sur un but ayant à peu près le front d'une escouade ;

A 1,000 mètres, sur une ligne ayant un front de demi-section ;

A 1,200 mètres, sur une ligne ayant un front de section ou sur une section d'artillerie ;

A 1,500 mètres, sur des lignes étendues, des colonnes de peloton ou de compagnie, sur l'artillerie ou la cavalerie ;

A 2,000 mètres, sur des troupes en colonne de route ou en formation de rassemblement.


Ces limites pourront être dépassées si les circonstances favorisent l'efficacité du tir : dans le cas contraire, il conviendra de ne pas les atteindre.

**194.** Les feux à volonté sont d'un réglage plus difficile que les feux de salve et se prêtent moins bien à la concentration du tir et à la discipline du feu. Ils sont pratiqués aux petites distances et lorsque les troupes, exposées à un feu très vif, n'ont plus le calme nécessaire à la bonne exécution des feux de salve.

Les éclaireurs auront souvent à faire usage des feux à volonté.

Contre une position dont l'ennemi occupe la crête, il peut être avantageux d'employer les feux à volonté sur un large front.

**195.** Les feux rapides coup par coup sont employés au moment décisif d'une action.

**196.** Les tirs à répétition ne commencent que sur l'ordre des officiers.

**197.** Les armes sont toujours approvisionnées avant de prendre la formation de combat. Pendant l'action, on profite de toutes les circonstances pour réapprovisionner le magasin.

ARTICLE III.

## Combat contre la cavalerie.

**198.** L'infanterie, quelle que soit sa formation, n'a rien à craindre de la cavalerie quand elle sait se garder, faire usage de son feu à propos et à bonne distance, conserver son sang-froid et rester entièrement dans la main de ses chefs.

Il est essentiel d'éviter les surprises; cependant, dans les terrains légèrement ondulés, il peut arriver, malgré les précautions prises, que la cavalerie s'approche à de faibles distances sans être vue.

Dans ce cas, il convient d'éviter les mouvements compliqués qui peuvent occasionner une perte de temps ou du trouble dans la troupe.

**199.** En principe, la marche ou l'attaque de l'infanterie ne doivent jamais être arrêtées par les menaces de la cavalerie. On cherche à tenir celle-ci à distance au moyen de feux de salve exécutés par des fractions désignées à cet effet.

**200.** Si la compagnie en ligne déployée est attaquée par la cavalerie sur son front, elle peut recevoir la charge sans changer de formation.

Si l'attaque se produit sur l'un des flancs de la ligne déployée, une partie de l'aile menacée fait rapidement face à l'attaque.

**201.** La compagnie étant en colonne de compagnie se déploie face à l'attaque si elle en a le temps; elle forme la colonne contre la cavalerie si elle est attaquée de plusieurs côtés à la fois.

**202.** La compagnie étant en formation de combat, si la cavalerie se montre à l'improviste et attaque en fourrageurs ou en masse, il vaut mieux la recevoir de pied ferme que de se rallier.

Si l'attaque est dirigée sur le front, la ligne de combat ouvre immédiatement le feu; si des fractions ont été maintenues en arrière, elles se disposent en échelons en arrière des ailes, surveillent les flancs et tirent sur les cavaliers qui les débordent.

Si l'attaque est dirigée sur l'un des flancs, la réserve y fait face de manière à se trouver placée en échelon, prête à protéger par ses feux le flanc menacé.

Quand la cavalerie s'apprête à charger en masse, la ligne de combat est ralliée par sections, sur un ou sur deux rangs, face à la direction de l'attaque.

Autant que possible, on évitera les ralliements par escouades et même par demi-sections.

Lorsque les subdivisions sont ralliées, les hommes observent le silence, attendent le commandement pour faire feu, et tirent de préférence par salves.

Si la charge se fait par échelons, les chefs de subdivision ont soin de ne plus faire tirer sur une fraction repoussée; ils dirigent le feu sur l'échelon suivant, de manière à le recevoir à bonne portée.

Dans les terrains couverts ou coupés, il est presque toujours inutile de rallier la ligne de combat, quels que soient le mode d'attaque de la cavalerie et la distance à laquelle elle se montre; il suffit d'utiliser les accidents du sol en ayant soin de se placer à une certaine distance en arrière. Dans le combat individuel, le fantassin doit gagner le flanc gauche du cavalier.

**203.** L'infanterie attaquée par la cavalerie sur une route, se forme habituellement en dehors du chemin ; si elle n'en a pas la possibilité, elle peut prendre les dispositions suivantes :

1º Faire face à la charge en formant en ligne une ou plusieurs subdivisions : au besoin les sections restées par le flanc font face à droite ou à gauche de manière à tirer sur les cavaliers s'écoulant sur les flancs ;

2º Rester simplement par le flanc, faire face à droite ou à gauche ou des deux côtés s'il y a lieu.

**204.** En terrain découvert, il importe que les chefs de subdivision cherchent à distinguer l'endroit le plus avantageux pour rallier leur troupe en cas d'attaque de la cavalerie.

**205.** *A l'instruction, le capitaine fait souvent usage de la sonnerie indiquant l'approche de la cavalerie et la direction de son attaque ; à cette sonnerie, chacun des chefs de subdivision, suivant la formation de sa troupe et les formes du terrain, prend ses dispositions pour repousser l'attaque.*

## ARTICLE IV.

## Défense et attaque de l'artillerie.

**206.** Lorsque l'infanterie est sous le feu de l'artillerie, elle cherche à en amoindrir les effets par des formations convenables et un emploi judicieux de la nature et des accidents du sol.

Lorsque les projectiles tombent à peu de distance de son front, l'infanterie, si elle est sur la défensive, se déplace autant que possible latéralement sur la position qu'elle occupe ; dans l'offensive, elle se porte en avant et obliquement, de manière à dépasser les points de chute des projectiles.

### 1° Défense.

**207.** Tout commandant de troupe doit, dans toutes les circonstances, aide et protection aux batteries placées dans son voisinage.

Lorsque l'artillerie se sépare momentanément des autres armes, on lui donne un soutien spécial dont la force dépend du nombre des batteries à défendre.

Le chef du soutien n'est pas sous les ordres du commandant de l'artillerie : il reçoit de cet officier tous les renseignements de nature à lui faciliter l'accomplissement de sa mission, mais il a le choix des moyens d'exécution.

**208.** Habituellement, une compagnie, soutien de l'artillerie, est chargée de couvrir, soit le

front, soit un des flancs. Le bataillon possède
seul les forces suffisantes pour couvrir à la fois
les deux flancs et le front.

Pour couvrir le front, la compagnie se tient
en position d'attente vers 800 à 900 mètres en
avant des pièces et, autant que possible, en
dehors de la ligne de tir. Elle a pour mission
spéciale d'empêcher les tirailleurs ennemis de
tirer efficacement sur les servants.

Si la compagnie doit couvrir un flanc et
l'arrière de l'artillerie contre les entreprises de
la cavalerie, les pelotons sont échelonnés à hauteur des pièces et des caissons et à 150 mètres
environ en dehors.

Lorsque, dans un cas exceptionnel, une compagnie aura à couvrir à la fois le front et un des
flancs, le capitaine disposera un peloton en
avant du front, et l'autre sur le flanc.

Les dispositifs et les distances indiqués ci-
dessus n'ont rien d'absolu ; ils varient suivant
les circonstances et le terrain.


## 2º Attaque.


**209.** Pour attaquer l'artillerie, la compagnie
est disposée comme pour l'attaque d'une position, mais elle peut prendre sa formation à une
distance plus grande, et peut étendre davantage
son front ; les subdivisions qui sont en arrière
se forment au besoin sur un rang.

Il est préférable de gagner du terrain par une
marche décidée en avant que d'ouvrir le feu
prématurément ; toutefois, pendant cette marche, l'emploi des abris du sol doit être utilisé,

et il sera souvent avantageux de faire exécuter des feux de salve à grande distance par des groupes en position.

Quand on est obligé de répondre au feu du soutien de l'artillerie ennemie, une partie de la compagnie lui est opposée ; la réserve, selon les nécessités, appuie la fraction engagée avec l'infanterie ennemie ou celle qui marche contre la batterie.

Cette dernière fraction continue à tirer sur les pièces et à s'en rapprocher constamment, pendant que le capitaine manœuvre de manière à séparer l'artillerie de son soutien. Arrivé à bonne distance, on se jette sur la batterie à la baïonnette et on cherche à s'emparer des pièces.

Lorsque l'artillerie ennemie amène les avant-trains pour se retirer, le feu est dirigé de préférence sur les chevaux et les conducteurs.

Si l'ennemi est obligé d'abandonner quelques canons, le capitaine s'oppose énergiquement aux efforts qui seraient tentés pour les reprendre ; il fait emmener les pièces s'il le peut ; dans le cas contraire, il les fait mettre hors de service en enlevant les hausses, les culasses mobiles, les armements, etc.

**210.** *Pour exécuter les simulacres d'attaque et de défense de l'artillerie, le chef de bataillon suppose qu'un point du terrain est occupé par un certain nombre de pièces et il les fait représenter par des fanions ; il désigne une compagnie pour servir de soutien à cette artillerie et la fait attaquer par une autre compagnie.*

### Article V.

# Particularités relatives à la défense et à l'attaque des défilés, des bois et des lieux habités.

____

### Défilés.

**211.** On entend par *défilés* les passages resserrés qui ne peuvent être franchis que sur un front restreint; les uns, tels que les cols, les gorges, les petites vallées, etc., ont leurs flancs plus ou moins praticables; les autres, tels que les ponts, les digues, les gués, ont leurs flancs inaccessibles; parmi ces derniers, il y a encore lieu de distinguer ceux dont les flancs, quoique inaccessibles aux troupes, peuvent être battus par le feu.

Quelle que soit la nature des défilés, les combats qui s'y livrent présentent un caractère commun : l'importance qu'on doit attacher à la possession des issues autour desquelles se concentrent tous les efforts de l'attaque et de la défense.

La reconnaissance est faite conformément aux principes prescrits à l'offensive et à la défensive.

### 1º Défense.

**212.** Suivant la configuration du terrain et les situations tactiques, les défilés sont défendus en arrière, en avant ou à l'intérieur. Dans tous ces cas particuliers, le fractionnement de la compagnie et le fonctionnement de ses divers éléments dans le combat sont généralement les mêmes que pour la défense d'une position.

### Défense d'un défilé en arrière.

**213.** La défense en arrière est la plus favorable. La ligne de combat, les fractions maintenues en arrière et la réserve sont établies sur les points qui leur permettent le mieux de battre le défilé et de couvrir son débouché de feux convergents. Quel que soit le dispositif adopté, il faut éviter que les extrémités de la ligne puissent être enfilées par les feux de l'assaillant. S'il s'agit d'un pont, il peut être utile d'en détruire les parapets et de construire une barricade à la sortie du côté de la défense ; le tablier et les arches ne doivent être mis hors de service que sur un ordre spécial.

### Défense d'un défilé en avant.

**214.** Les défilés sont défendus en avant lorsqu'il importe d'en conserver les deux débouchés, ou encore lorsque le terrain en avant commande celui qui est en arrière.

Les avenues qui aboutissent à l'entrée du défilé sont occupées par une avant-ligne ; la ligne de combat s'établit sur les points dominants ; d'autres subdivisions réunies ou divisées se placent de façon à battre le débouché en avant ou à couvrir les flancs de la chaîne.

Quant à la réserve, si le défilé a une certaine longueur, elle est placée à l'intérieur ; si, au contraire, le défilé est court, elle occupe le débouché en arrière, de manière à défendre cette issue et à protéger la retraite.

Pour un pont, un gué, des fractions de la réserve sont placées le long du bord opposé à l'ennemi, de manière à flanquer la ligne qui occupe l'autre rive.

### Défense d'un défilé à l'intérieur.

**215.** Pour défendre un défilé à l'intérieur, on choisit un point où le passage s'élargit et on y établit une ligne de défense assez étendue pour déployer une grande partie de ses forces, tandis que l'ennemi est obligé de déboucher sur un front étroit. Si les flancs sont praticables, comme dans une petite vallée, on occupe les hauteurs qui dominent le fond de la vallée et l'on s'éclaire sur ses flancs pour éviter les mouvements tournants.

### Retraite.

**216.** Dans les différents cas qui précèdent, la retraite est exécutée d'après les principes prescrits.

Les hommes se retirent, soit tous ensemble à la course, soit successivement ; les subdivisions les mieux placées pour défendre l'entrée du défilé quittent leurs emplacements les dernières.

## 2° Attaque.

### Défilés à flancs accessibles.

**217.** L'attaque d'un défilé à flancs accessibles, d'une vallée par exemple, se fait, tant que l'ennemi défend le défilé en avant, d'après les principes prescrits pour l'attaque d'une position. On choisit pour objectif le point dominant qui commande le mieux l'intérieur du défilé.

Dès que la troupe assaillante a pu pénétrer dans l'intérieur du défilé, elle dispose sa ligne de combat dans le fond et sur les versants, en portant ses ailes en avant. Les escouades extrêmes suivent les crêtes ; une partie de la réserve, dirigée sur la crête qui commande le mieux l'intérieur du défilé, est chargée des attaques de flanc ; l'autre partie reste en arrière de manière à assurer une retraite éventuelle.

Si la longueur du défilé est assez considérable, on cherche à s'emparer successivement des positions dont la possession doit déterminer la retraite de l'ennemi.

Si le défilé est très court, aussitôt que l'entrée est forcée, on le traverse vivement à la suite du défenseur.

Dès qu'on est arrivé au débouché du défilé, on se déploie rapidement de manière à gagner assez de terrain en avant et à éviter les feux croisés de l'adversaire.

### Défilés à flancs inaccessibles.

**218.** Pour attaquer un défilé à flancs inaccessibles, un pont par exemple défendu en arrière, on prend sur la rive que l'on possède les positions les plus convenables pour battre de ses feux la rive opposée. Lorsque la préparation est complète et que la défense est suffisamment ébranlée, une portion de la réserve s'élance sur le pont et cherche à s'installer sur la rive ennemie; si elle y parvient, la ligne de combat qui a facilité son mouvement par un feu vif, traverse le pont à son tour et prolonge la nouvelle ligne ou s'établit en réserve.

La portion de la réserve désignée pour franchir le pont exécute habituellement ce mouvement par petites fractions qui se succèdent rapidement.

Si le pont est défendu en avant, le capitaine cherche à s'emparer d'une position qui en commande l'entrée et d'où il puisse forcer le défenseur à se retirer. Il peut encore, si le centre de la ligne ennemie fait une grande saillie en avant, simuler une attaque de front, pendant que la véritable attaque est exécutée par une fraction de la réserve contre une des ailes, de manière à la rejeter dans le défilé; l'opération est dirigée de telle sorte que les troupes ne soient pas prises de flanc par le feu des défenseurs placés sur l'autre rive.

# Bois.

—

### 1° DÉFENSE.

### Reconnaissance.

**219.** La reconnaissance porte sur l'étendue
et la nature du bois, ses parties praticables (futaies, jeunes coupes, broussailles), et ses parties
impraticables (taillis épais, marécages, etc.) ; sur
les chemins et les sentiers qui sont parallèles
ou perpendiculaires à la lisière ; sur la lisière
elle-même, ses rentrants, ses saillants et ses
abords ; sur les éclaircies, les clairières, les
cours d'eau et les coupures qui existent dans
l'intérieur ; sur le point le plus favorable pour
rallier la compagnie en cas de retraite ou pour
continuer la résistance, et enfin sur les travaux
de défense à exécuter.

### Occupation.

**220.** Lorsqu'il n'y a pas lieu de craindre le
feu de l'artillerie, la ligne de combat est établie
sur la lisière, un peu en arrière des premiers
arbres, ou dans le fossé qui la précède, s'il en
existe ; elle occupe, de préférence, le voisinage
des routes et des chemins, les saillants, les
points de la lisière où le terrain se relève et
ceux qui lui permettent de faire des feux flanquants.

Dans le cas où le feu de l'artillerie est à crain

dre, il peut être avantageux de placer la ligne de combat en avant de la lisière dans des tranchées.

Des subdivisions se tiennent dans l'intérieur du bois, à une petite distance de la lisière, sur les chemins et les éclaircies, prêtes à appuyer la ligne de combat, à protéger ses flancs ou à exécuter des contre-attaques ; elles sont d'autant plus rapprochées que le bois est plus épais.

La possession du bois dépendant surtout de celle de la lisière, on s'attache à renforcer cette ligne par tous les moyens possibles : abatis, tranchées-abris, barricades, fils de fer tendus d'un arbre à l'autre, branches courbées à hauteur d'homme et reliées les unes aux autres au moyen de harts.

### Combat. Poursuite.

**221.** Le combat et la poursuite sont exécutés d'après les principes prescrits pour la défense d'une position. Si la ligne de combat a été portée en avant de la lisière, elle doit rentrer dès que l'assaillant masque le feu de son artillerie.

### Retraite.

**222.** Dans la retraite à travers bois, les subdivisions se groupent, suivent les chemins si le bois est très épais, et se relient entre elles. La défense est continuée sur tous les points propices qui ont été reconnus et préparés à l'avance ; les officiers profitent de ces temps d'arrêt pour rétablir l'ordre et s'orienter sur la marche du combat.

On surveille les flancs avec la plus grande attention, et on cherche à tendre des embuscades à l'ennemi.

Dans ces sortes de combat, le succès appartient presque toujours à celui qui tient le mieux sa troupe dans la main, une contre-attaque vigoureuse pouvant avoir pour résulta' d'amener un ennemi presque victorieux, mais surpris et en désordre, à abandonner un bois à moitié conquis.

En quittant le bois, le capitaine rallie promptement la compagnie et se retire lestement hors de portée efficace du fusil, sur le point choisi d'avance.

## 2º ATTAQUE.

### Reconnaissance et préparation de l'attaque.

**223.** La reconnaissance d'un bois et la préparation de l'attaque se font d'après les principes donnés pour une position.

L'attaque est dirigée sur les saillants ou sur les points dont on peut s'approcher à couvert. Lorsque le bois n'est pas très étendu, et que l'effectif de l'assaillant le permet, l'attaque de front est combinée avec une attaque de flanc, de manière à menacer la ligne de retraite du défenseur.

### Combat.

**224.** La ligne de combat s'approche aussi près que possible de la lisière. Dès que la résistance paraît suffisamment ébranlée, le point choisi pour l'attaque est abordé et enlevé au pas de course ; aussitôt que ce point a été pris, les hommes s'étendent le long de la lisière et cherchent à gagner du terrain dans l'intérieur du bois ; une fraction de la réserve occupe le point conquis et se tient prête à résister aux contre-attaques.

Lorsque la possession d'une partie suffisante de la lisière est assurée, la ligne de combat, suivie de près par les fractions qui sont en arrière, s'avance le long des chemins et se dirige vers les carrefours, les éclaircies et les coupures où l'ennemi essaye d'opposer une nouvelle résistance. Dans cette marche en avant, si le bois est fourré, les subdivisions sont groupées, reliées entre elles, et couvertes par des éclaircurs sur le front et sur les flancs.

L'attaque doit être menée vigoureusement et avec entrain, car c'est surtout dans les combats de bois qu'il est nécessaire d'enlever le soldat et de le pousser en avant. Les officiers et les sous-officiers profitent de toutes les circonstances favorables pour rétablir la liaison entre leurs hommes, ainsi que leurs communications avec les subdivisions voisines, et pour se renseigner sur la marche du combat.

Une fraction de la réserve est employée à menacer la retraite de l'ennemi : si elle peut le faire sans danger, elle cherche à arriver avant lui au débouché du bois.

## Poursuite. Retraite.

**225.** La poursuite et la retraite sont exécutées comme il a été dit précédemment.

L'assaillant n'est réellement maitre du bois que lorsqu'il est arrivé à la lisière opposée à celle par laquelle il a pénétré ; dès que les fractions de la compagnie ont gagné cette lisière, elles poursuivent l'ennemi de leurs feux.

# Lieux habités.

### 1<sup>re</sup> DÉFENSE.

## Reconnaissance.

**226.** La reconnaissance porte sur la forme et la nature de l'enceinte extérieure, sur la disposition intérieure de la localité, ses abords et ses communications, sur les murs et les toitures des maisons.

La première ligne de défense est formée de la ceinture extérieure ; elle est constituée généralement par des murs de clôture, des haies, des palissades, des fossés, etc., qui sont mis en état de défense.

La deuxième ligne est constituée par les murs des maisons extérieures ; elle est complétée par des barricades ou des coupures établies sur les routes.

## Occupation.

**227.** La reconnaissance étant faite, le capitaine assigne à chaque fraction de la compagnie l'emplacement qu'elle doit occuper, les travaux à exécuter et la conduite qu'elle doit tenir ; il s'attache à profiter de toutes les parties de l'enceinte qui permettent de se procurer des flanquements et de concentrer des feux sur les points d'attaque probables.

Chaque fraction doit, dans la zone de défense qui lui est confiée, percer les haies, les murs et les palissades dirigés de l'intérieur à l'extérieur, afin de se ménager des communications latérales, s'ouvrir des passages en arrière et détruire les obstacles qui gêneraient le feu et offriraient des abris à l'assaillant. On se sert des ressources locales pour mettre les maisons en état de défense et les relier les unes aux autres.

Lorsqu'on est battu par le feu de l'artillerie, on évite, autant que possible, de placer du monde dans les maisons et derrière les murs, et on tient les soutiens et les réserves aux abords de la localité, à l'abri des vues de l'ennemi.

Dans le combat rapproché, des subdivisions groupées sont établies à proximité de la ligne de combat, de préférence aux carrefours, de manière à pouvoir se porter facilement dans les diverses directions. La réserve est placée, soit sur un point central lorsque la défense à l'intérieur doit être soutenue jusqu'à la dernière extrémité, soit partie à l'intérieur et partie en dehors de la localité pour assurer la retraite, exécuter des attaques de flanc et s'opposer à celles de l'adversaire.

## Combat.

**228.** Le combat est conduit d'après les règles indiquées pour la défense d'une position. Quand l'ennemi s'est emparé de la ceinture extérieure, la défense se continue sur la deuxième ligne : si celle-ci vient à être forcée, on profite des coupures parallèles (routes, rues transversales, cours d'eau, etc.) pour se reformer et résister de nouveau. On a fréquemment recours aux contre-attaques.

Lorsque la défense doit se prolonger, elle se fait pied à pied et est organisée avec tous les moyens que le temps permet d'employer. On occupe, s'il en existe, une position (bâtiment, enclos, etc.) pouvant servir de réduit et on charge une fraction de la réserve de la défense spéciale de ce réduit.

## Retraite.

**229.** En cas de retraite, la fraction disponible de la réserve est établie, soit sur la dernière ligne de défense, soit en dehors de la localité ; elle doit tenir assez longtemps pour donner aux fractions engagées le temps de se replier. Le capitaine fait tous ses efforts pour faire parvenir à temps ses ordres aux diverses fractions de la compagnie et pour les dégager avant qu'elles soient cernées.

**230.** *A l'instruction, il n'est pas toujours possible d'exercer complétement la troupe aux défenses de localités; on peut cependant simuler une opération de ce genre en plaçant les hommes en dehors des haies ou des murs, vis-à-vis des endroits que, dans la réalité, ils occuperaient à l'intérieur.*

*Dans ce cas, le capitaine montre à sa compagnie les lignes de résistance, à l'extérieur et à l'intérieur, les points à occuper, la manière de répartir la troupe, les travaux à exécuter; il montre aussi comment on peut défendre un saillant, battre un secteur sans feux, soit au moyen du flanquement, soit à l'aide de dispositions particulières (banquettes, créneaux, pan coupé établi au sommet de l'angle, etc.).*

## 2° ATTAQUE.

### Reconnaissance.

**231.** La reconnaissance porte sur les abords, les points dominants, les couverts du terrain, la nature des clôtures, les points faibles de l'enceinte; sur les communications qui aboutissent à la localité et celles qui permettent de la tourner; enfin, sur les travaux que l'ennemi a pu exécuter et les dispositions qu'il a prises.

## Préparation et exécution de l'attaque.

**232.** En principe, l'artillerie prépare l'attaque.

L'assaillant s'empare des points dominants qui permettent de tirer sur l'enceinte et de prendre des vues dans l'intérieur. Il laisse le plus longtemps possible l'adversaire dans l'incertitude des points d'attaque qu'il a choisis, et fait souvent une fausse attaque pour diviser les forces de l'ennemi.

L'enceinte extérieure est attaquée d'après les mêmes principes que la lisière d'un bois. La ligne de combat pratique des ouvertures dans les clôtures, tourne les maisons et les barricades et s'efforce de pénétrer dans l'intérieur de la localité.

Lorsqu'on s'est emparé d'un point de l'enceinte, on s'y installe solidement de manière à résister à une contre-attaque. Pendant que le centre de la ligne agit directement, une partie de la réserve cherche à déborder la ligne de défense de l'ennemi; quelques coups de fusil tirés en arrière des défenseurs peuvent déterminer leur retraite.

## Poursuite.

**233.** Quand on a pénétré dans la localité, l'attaque est menée rapidement pour empêcher, s'il est possible, le défenseur de s'arrêter sur la ligne de résistance qu'il a pu choisir en arrière. Il est indispensable de laisser un détachement à l'endroit par lequel on a pénétré, de manière à assurer sa propre ligne de retraite.

**234.** *À l'instruction, lorsque le capitaine ne peut pas simuler ces opérations, il s'attache à faire discerner par ses officiers et ses sous-officiers les points qu'il serait nécessaire d'occuper avant d'attaquer la localité, les facilités que présente le terrain pour s'approcher à couvert, les points faibles de la ceinture, ceux sur lesquels devraient être dirigées les attaques réelles, ceux sur lesquels on devrait seulement faire des démonstrations ou des attaques simulées, enfin les directions qui menacent la retraite du défenseur.*

*Le capitaine fait prendre à la compagnie les dispositions préparatoires; il explique comment l'attaque devrait être exécutée en réalité. Il s'attache, en outre, aux détails de l'opération; il indique, par exemple, que pour attaquer un saillant on place des hommes dans le prolongement des faces de manière à les enfiler ou à les prendre à revers; que l'on doit se diriger sur le saillant en marchant dans le secteur sans feux; que les clôtures formées de haies sont percées assez facilement, mais que l'on est alors battu par les feux de la deuxième enceinte; que les murs sont plus difficiles à forcer, mais qu'ils abritent davantage quand on a pu arriver jusqu'à leur pied, et il enseigne les moyens à employer pour les renverser ou y faire brèche.*

# APPENDICE.

## Honneurs à rendre au drapeau.

---

### Composition et marche du détachement
### qui va chercher le drapeau.

Lorsque le drapeau doit sortir, une compagnie du régiment est commandée à tour de rôle pour aller le chercher.

Cette compagnie marche par le flanc et l'arme sur l'épaule droite; elle est précédée des sapeurs, du tambour-major, des tambours et clairons de son bataillon et de la musique; le porte-drapeau se tient en serre-file à hauteur du centre de la compagnie.

Le détachement marche dans cet ordre, sans bruit de caisse ni de musique; arrivé au logement du commandant du régiment, il est arrêté face à la porte d'entrée, les tambours, les clairons et la musique à la droite. Le capitaine fait mettre la baïonnette au canon.

Le porte-drapeau, accompagné du lieutenant et de deux sous-officiers, va prendre le drapeau.

Lorsque le porte-drapeau, suivi du lieutenant et des deux sous-officiers, sort avec le drapeau, il s'arrête devant la porte; le capitaine fait présenter les armes et salue du sabre, les tambours et les clairons battent et sonnent au drapeau; après trois ou quatre reprises, le capitaine fait cesser de battre et de sonner, puis fait porter

les armes et rompre par section; le porte-drapeau va se placer entre les sections intérieures,
ayant un sous-officier à sa droite et l'autre à sa
gauche; le lieutenant reprend sa place.

Le capitaine remet ensuite le détachement en
marche, en colonne à distance entière, pour se
rendre au lieu de rassemblement du régiment;
les tambours et les clairons battent et sonnent.

La compagnie est formée par le flanc lorsque
la largeur de la route ne permet pas de marcher
en colonne; le drapeau et sa garde se placent
alors entre la deuxième et la troisième section.

Arrivé à 20 pas du régiment, le détachement
est arrêté, les tambours et les clairons cessent
de battre et de sonner; le commandant du régiment fait mettre la baïonnette au canon, présenter les armes, battre et sonner au drapeau, et se
place à 6 pas en avant de la file du drapeau. Le
porte-drapeau, toujours accompagné des deux
sous-officiers, se porte à 10 pas en avant du
commandant du régiment et lui fait face; le
commandant du régiment salue alors le drapeau.
Le porte-drapeau prend ensuite sa place, les
deux sous-officiers rejoignent leur compagnie, le
régiment porte les armes, et le détachement
reprend sa place en passant derrière le régiment.

Le drapeau est reconduit au logement du commandant du régiment dans l'ordre prescrit ci-
dessus, et reçoit les mêmes honneurs; le détachement rentre ensuite au quartier, sans bruit
de caisse ni de musique.

## Port et salut du drapeau.

Dans le rang, le porte-drapeau, soit de pied ferme, soit en marchant, porte le drapeau, le talon à la hanche droite, le coude en arrière, la hampe légèrement inclinée en avant.

Lorsque le drapeau doit rendre les honneurs, le porte-drapeau salue de la manière suivante :

A 6 pas de la personne qu'on doit saluer, élever la main droite le long de la hampe jusqu'à hauteur de l'œil, baisser le drapeau en allongeant le bras de toute sa longueur, sans que le talon de la hampe quitte la hanche; relever le drapeau lorsque la personne qu'on a saluée a été dépassée de 6 pas.

Paris et Limoges. — Imp. milit. Henri CHARLES-LAVAUZELLE.

www.ingramcontent.com/pod-product-compliance
Lightning Source LLC
LaVergne TN
LVHW050847200726
843507LV00001B/481